임 진 강

임 진 강

최두석 서사시

도서출판 b

차례 | 임 진 강

*1*장 반구정에서 · 7
*2*장 끝없는 구도자 · 13
*3*장 육이오 · 27
*4*장 평화통일을 위하여 · 51
*5*장 임진강 북쪽 · 81
*6*장 양시 영예전상자 병원 · 115
*7*장 심문 · 147
*8*장 임진강 참게 · 167

해설 | 임동확 · 175
초판 후기 · 196
후기 · 198

1 장

반구정에서

1

밀물에 밀려 삼십 리
임진강이 부풀어 오르는 겨울날
갈매기는 훨훨 활갯짓하며 날고
전쟁 때마다 불 타 다시 지은
황희의 정자 반구정에 가서 본다

부근 뭇 포병 부대의 탄착지
물 건너 장단 땅 거곡리 들판에
솟아오르는 포연을
조랑진 금곡동 발잇골 옛 마을에
마지막 생존한 땅두더지 한 마리
장엄하게 폭사하는 모습을

또한 듣는다
조선 세종 때의 재상
늙은 황희의 깊은 탄식 소리를
탄식처럼 출렁이며
강물은 계속 역류해 오르고
빗나간 포탄 하나 강에 떨어져
물기둥이 솟구친다

그러나 방촌 황희여
어진 왕은 죽고 수백 년 폭정이지만
강물처럼 역사가 역류한다고 생각지 않네
동학군의 피와 오월의 땀이
강에 재로 뿌려진다고 생각지 않네
빛나던 시절에 살았다고 당신을
물론 부러워하지도 않네

하여 이 시대를 차라리 겨울이라
규정하지 않으며, 밤이 깊으면
새벽이 멀지 않으리, 혹은
어차피 강물은 물때에 맞춰
바다에 이른다는 따위의 말로 지금
여기에서 희망을 부르거나
마냥 기다릴 수는 더욱 없네.

2

껍데기를 보면 눈부시게 탈바꿈하고
조급하게 굴면 끄떡 않는 게
무엇인가
임진강이 내게 묻는다

알맹이는 모셔 두고
껍데기만 슬쩍 움직여도
없어지는 목숨은 얼마인가
나도 강물에게 묻는다

소련 탱크의 무한궤도 밑에서
피를 토하거나
혹은 수류탄을 까 넣으려 몸을 던지고
미국 비행기의 융단 폭격 아래서
갈갈이 찢기거나
혹은 보병 소총으로 비행기를 겨냥해 봐도
그냥 한결같은 흐름인 듯 굼실대니

육이오를 겪으면서
민족사의 진보란 어떻게 이루어졌나
도대체 우리에게 진보란 무엇인가
역사의 강이여, 임진강이여
너의 한가운데를 굽이치는 물방울의 생애를 기록할 테니
응답하라

떡갈잎에 구르던 이슬

혹은 산토끼의 오줌과도 섞이며
남과 북을 오명가명 흐르다가
마침내 휴전선 한가운데를 꿰뚫고 흐르는 물방울 하나
김낙중의 생애를 기록할 테니
응답하라.

2 장

끝없는 구도자

1

서울까지 구십 리 개성까지 팔십 리
파주군 탄현면 법흥리
그의 고향 뒷산을 오르면
송악산이 보이고 북한산이 보이고
가까이 임진강이 굽이쳐 한강과 부딪치는
모습이 보인다

그는 고향을 잃어버렸다고 말한다
소년시절 송화를 땄던 키 큰 소나무
밀림은 없어지고
곳곳에 파여진 참호에 총구가 번뜩이는
군사기지가 되고
기독교도들이 죽어 묻히는
수용인원 만여 명의 공동묘지가 되었다

고향 산은 이미 해골로 빽빽하되
묘지는 날이 갈수록 확장되고
고향 산은 이미 각종 무기로 삼엄하되
나날이 화약 냄새는 짙어만 가고
성황당 고개나 상엿집 골짜기에 나타나던
도깨비와 귀신은 모두 없어졌다

그의 유년 시절 선연한 진달래
너무 좋아 한 아름 꺾어오니
「그렇게 꽃을 함부로 꺾으면
죄로 간다」고 하시던 어머니의 신앙과
그걸 두렵게 새겨듣던
어린아이도 이제 살지 않는다.

2

가난이 질겨 살아온
그의 아버지는
일 년 내내 농사를 지어도
양식 걱정을 면할 길 없는 소작농부
부쳐 먹을 땅도 시원찮아
그가 태어날 무렵까지
조미(糙米) 장사를 하였다

할머니와 어머니가 농사에 지친 몸으로
밤새워 멧통을 돌리고 절구질하여
벼 몇 말을 찧어 놓으면
아버지는 그것을 지게에 지고

먼동이 트기도 전에 출발하여
서울 무악재에 이르러 팔면
점심 때, 국수 한 사발 사먹고
다시 벼를 사서 밤중 늦게 도착하기를
되풀이하다 보면
남는 것은 겨와 싸래기
거기에 무와 산나물을 섞어 죽을 쑤어 먹었다

아, 빈곤의 상징인 제석 바가지
안방 시렁 구석에 놓인 큼직한 바가지에
신성한 제물로 모셔진 쌀은
식구들이 무서운 병에 걸려
귀신에게 치성드릴 때 사용했다

그러나 조미장사로 끼니를 잇는 것도
정미소가 곳곳에 들어서기 전의 일
그가 태어날 무렵에 할머니는
서울로 식모살이를 떠나아 헸다
일본집 하녀로 들어가
식구들의 살림을 보태야 했다.

3

어린 그가 물오른 송기를 벗기며
찔레의 새순을 꺾어 먹고
싱아의 시큼한 맛을 즐기는 동안
아버지는 전당포로 돈 번 지주
서울사람 허생원의 눈에 들어
안채보다 사랑채가 훨씬 번듯한
마름의 집으로 이사했다

어린 그가 꾀꼬리집을 찾아내고
동네아이들에게도 어미 꾀꼬리에게도 들키지 않게
아침저녁 찾아가서 먼발치서 엿보며
사로잡아 기르기에 알맞게
자라기를 기다리는 동안
수많은 비행기가 하늘을 덮고 날았다
일제가 중일전쟁을 일으킨 것이었다

소학생인 그가 관솔을 따거나
가시에 찔리면서 한삼덩굴을 뜯고
여자만 남은 집들의 모내기나
벼 베기의 근로동원에 나가는 동안

남편들은 구주나 북해도 탄광 조선인 막장에서
가스폭발이나 낙반 혹은 발파사고로
외마디 소리도 없이 죽어갔다

소학생인 그가 궁성을 향해 절하고
황국신민으로 충성을 맹세하며
배운 대로 집에서도 일어로 떠벌리는 동안
김구는 임시정부 백여 명 식구를 이끌고
양자강 만 리를 피난으로 떠돌고
박헌영은 광주 연와공장에 숨어서
이글이글 불꽃 속에 벽돌을 굽고 있었다.

4

가을밤에 호롱 밝히고
개울에 싸리발 쳐서 잡은 참게가
그의 손을 빠져나가
임진강에 이르러 수영을 즐길 때
꿈을 꾸었다
갑자기 뻗쳐온 집게발에 손가락을 잘린 꿈

놀라 깨어나니 비명소리 들리고

방 안엔 동생들만 자고 있었다
두려움을 호기심으로 부축하며
비명소릴 따라가니 주재소에 이르고
아버지는 몽둥이로 얻어맞고 있었다
기념식 때면 교장 옆자리에 앉아
번쩍이는 환도를 차고 의젓해 하던
일본인 순사와 조선인 순사에게
동네 아버지들은 피투성이가 되어
참나무 몽둥이 아래 엎어져 있었다
소작료 바치고 공출로 빼앗긴 사람들이
숨긴 곳을 부는 대신 신음을 토해냈다

어머니들은 부들부들 떨며
담 밖에서 서성이는 시꺼먼 밤
그에게 온갖 두려움의 뿌리가 되는 추억
추억을 빨래해
햇볕에 널어 말리니
피로 얼룩진 하이얀 무명
바지저고리가 되었다
도저히 핏자국이 지워지지 않았다.

5

뛰는 고리는 개고리
나는 고리는 꾀꼬리
걸린 고리는 문고리
누이와 수수께끼를 주고받던 그는
왁자한 거리로 뛰쳐나갔다

면사무소와 주재소는 유리창이 깨지고
어느새 몽둥이의 주인이 바뀌었다
면서기와 순사들은 도망가고
더러는 논고랑에 처박혔다
방동사니나 대패지심처럼
김맨 뒤의 잡초로 누워 있었다

아버지는 면사무소에서
내 세상이다, 내 세상이다 외치며
밤새도록 술을 부르고 춤을 추는데
식모살이로 일어에 능숙한 할머니는
마을사람들 몰래
눈이 퉁퉁 부은 일본인 교장 부인에게
미숫가루를 만들어 주었다

하루아침에 일어난 가치체계의 돌연변이
소년은 아무리 궁리해도
해방의 의미를 알 수 없었다
그것은 사실 춤추는 아버지나
미숫가루를 만드는 할머니도 몰랐고
해방 곧 분할점령의 의미는
독립운동가들도 도대체 잘 모르는 것이었다.

6

그가 죽음의 문제에 매달린 것은
중학교 이학년 때였다
병명은 결핵성 폐문 임파선비대
해방 직후인 당시만 해도
결핵은 오직 죽음으로 가는 길목이었다

농업기사가 되라고 아버지가 입학시킨
경성공립농업학교를 휴학하고
미열로 나른한 몸을 이끌고
매일 고향 뒷동산
낯모르는 사람의 무덤 위에 누워
죽음이란 무엇인가

또한 그 때문에 삶이 무엇인가를 궁리하는
구도자가 되었다, 그러나

어머니와 할머니가 몰래
뒤란 한 구석에 모셔 놓고 빌지만
약주에 얼큰히 취한 아버지의 눈에 뜨이면
단번에 발길에 채여 요절나는
터줏대감 밖에는
아무런 신도 목자도 없는
황무지에 던져진 그에게는
도무지 궁리가 풀리지 않아
「아, 귀찮다 생각하기도 싫다
밥 먹기도 싫다 살기도 싫다
그렇지만 죽음이 무엇인지 모르는 한
죽기조차 싫다」고 소리치고는
어머니가 부르러 올 때까지
잠을 자곤 하였다.

7

무기 장사로 톡톡히 재미를 보는
어떤 부자나라에서는 개도 묘지에 묻혀

제삿날이면 꽃다발도 받는다지만
한국의 똥개들은 개소주가 되어
별별 사람의 병을 고친다
개소주 외에는 먹은 것도 별로지만
그의 몸은 예상 외로 가볍게 회복되어
학급을 증설하는 서울중학에 편입하였다

병은 나았지만
머릿속은 갖가지 의문으로 가득해
미술 숙제로 도안을 할 때
물음표로 꽃무늬를 그렸다
미술선생에게는 무의미할 그 무늬로
그는 방안을 온통 도배하고 싶었다
평일이면 도서관에서 인생론 우주론
신학, 불교경전 등을 섭렵하고
일요일이면 교회와 성당과 절을 순회하였다

그는 목사를 찾아가 물었다
「하나님이 아담과 하와를 창조했고
선악과를 따먹은 그들의 원죄로 말미암아
우리 인간들이 죄인일 수밖에 없다면
여호와는 분명 잔인한 장난꾸러기 신이군요
신은 전지전능하다니

선악과를 따먹으리라는 것도 알았을 테고
뱀의 유혹에 빠지지 않게 창조할 수도 있었을 텐데
여호와는 몇 발 앞도 못 보는
무지무능한 신이 아닌가요
더구나 자기가 만든 함정에 빠진
아담의 후예를 구하기 위해
자기의 독생자를 십자가에 못박히게 했으니
그는 가엾은 신이 아니라면
잔인한 신임에 틀림없을 겁니다
하기는 예수도 삼일 만에 부활 승천했다니
십자가의 죽음은 연극이군요」

그는 또 진화론을 가르친 생물선생에게 물었다
「인간이란 아메바와 같은 하등동물이
수백만 년 진화해서 된 동물이라면
민족과 인류를 위한 혁명의 대열에서
희생과 봉사를 한다거나
그런 인물을 찬양한다는 것은
사는 것을 본능으로 하는 동물로서
미친 짓이군요, 그게 아니라면
타인의 희생적 봉사를 조장해서
찬양의 말을 늘어놓는 교활한 놈의

덫에 걸린 바보이지 뭐예요」

그것은 짓궂은 장난이 아니었고
끝없는 구도자의 진지한 질문이었다
그러던 어느 한여름 밤
별이 잠긴 우물가에서 목욕을 하다가
몇 번이고 정수리에 두레박물을 끼얹고는
동서남북을 향해 경건히 절하며
자기는 오직 영원한 진리와 더불어
결혼하겠노라고
알몸으로 맹세하였다
그리고 이 사실을 일기로 적고
일기장에 왼손 새끼손가락의 무인을 찍으며
이 맹세를 어기는 날
손가락을 자르기로 작정하였다.

3장

육이오

1

찬거리를 가지러 시골에 내려간 그는
일요일 새벽 부모님들의 이야기 소리에
잠이 깼다
아버지는 담뱃불을 붙이며
오늘 아침 대포소린 제법 가까이 들리는데
하고는 관심 없다는 듯이
삽을 들고 물꼬를 보러 가셨다

보나마나
삼팔선 부근의 소충돌일 거라지만
공연히 대포소리에 흥미가 생겨
산으로 올라가 송악산 줄기를 바라보았다
들뜬 마음으로 바라보던 그는
오정이 채 못 되어 솟아오르는 포연을 발견하고
신바람이 나기까지 했다

점심 후 쌀 감자 파가 가득 든
짐 보따리를 걸머지고
금촌역까지 이십 리를 걸어 나왔다
그러나 서울행 열차는 보이지 않고
북으로 밀려가는 군용열차와

남으로 밀려오는 피난민만이
줄 이을 뿐

마침내 어두워지기 시작했을 때
서울로 갈 건지 시골로 갈 건지
난감한 심정이 되기도 했다
그러나 아침에 전쟁이 나면
점심은 평양 저녁은 신의주라던
국방장관의 호언을 은연중에 믿고서는
밤늦게 화물차를 얻어 타고 서울로 돌아왔다

다음날 등교하니
급우들의 화제는 모두 활기에 넘쳤다
금년 중에 통일이 될 거라던
내무장관의 예언이 적중했다고
감탄하는 학생도 있었고
여름방학 때는 금강산 구경을 가겠다고
좋아하는 학생도 있었다

학교 문을 닫은 그 다음날
피난민의 물결은 온 거리에 넘치고
밤이 되어 총탄이 윙윙 날으는데
돌연 천지를 뒤집는 폭음이 들렸다

한강다리가 폭파되는 순간이었다
할머니와 동생들은 벌벌 떨며
몸 둘 곳을 몰라 했지만
그는 잠깐 깨어
어서 잠들이나 자라고 나무라며
또 잠들어버렸다
그날로 서울이 점령될 줄은
꿈에도 모르는 하룻강아지였다.

2

식량이 바닥난 서울을 떠나
칠월 초 고향에 돌아오니
완장 두르고 총대 메고
국군 패잔병이나 도망 못 간 경찰을 잡아
땅땅 취조를 하는 것은 가난으로
중학교에 진학 못 해 농사를 짓던
소학교 동창생들

무상몰수 무상분배
토지개혁 사업이 진행됐으나
그의 집은 몰수당할 것도 분배받을 것도 없었다

면당, 면인민위원회 친구들이 분주히 찾아와서
면민주청년동맹 조직에 협조하기를 요청했지만
며칠 안 있으면 복교할 텐데 하는 말로
친구들의 요청을 거부하였다

벽보판에는 인민군이
전주, 광주, 김천 등을 모조리 해방했다고 보도됐으나
미군 비행기의 공습이 잦아지고
조국해방 전쟁의 선봉 운운의
의용군 모집이 시작되었다
초기에는 지원자도 있었지만
모집 횟수가 늘어나자 강제성을 띠었다

그러나 그는 민청이나 의용군에 대해
별다른 반감이 없었던 것처럼
자진해서 민청에서 일한다거나
총 들고 전선에 나갈 이유를 모르는 한
까닭 없이 뛰어들고 싶지 않았다
그리하여 친구들에게 학교 일로 서울 간다고 인사하고
몸을 피해 월롱산으로 들어갔다
산속 깊이 있는 친척집 방을 얻어

할머니는 밥을 지어 주시고
그는 숲속에 토굴을 파고 지냈다.

3

쑥대머리 더펄머리로
산에 숨어사는 사람들은
의용군 기피자거나 과거의 국군, 경찰
피신자의 수가 늘어날수록
유엔군 사령부의 방송을 듣고 와서
정세보고를 하는 자도 있고
내무서나 민청의 동태를 알려오는 자도 있었다
어떤 경로였는지는 알 수 없으나
무기와 탄약까지 입수되었다

구월 중순 인천 방면에서
요란스런 포성이 울려오기 시작하자
산속의 청년들은 환성을 지르며
무기를 들고 나섰다
그러나 그는 내무서 습격에 반대했다
북에서 파견된 내무서원은 둘뿐이고
나머지는 모두 동창생인 까닭이었다

내무서 습격은 그를 어린애 취급한 채
다른 산사람들끼리 수행하고
피차 몇 사람의 사상자가 생겼다

인천 상륙작전으로
인민군과 내무서원이 물러가니
산사람들은 치안대를 조직해
민청에 적극적이던 부락청년들을 잡아들여
산기슭에 끌고 가서 총살하였다
그는 함께 산에 있었던 치안대원들에게
이웃끼리 죽일 필요야
있겠느냐고 말렸으나 치안대원들은
토굴 속에서 고생한 생각을 하면
이가 갈린다 하였다
평시 같으면 서로 상주이고 조문객일
한 동네 이웃끼리 몰고 다닌
흉흉한 돌개바람 피바람.

4

전선이 압록강까지 밀어붙여졌을 때
그는 개학을 기대하며

서울로 올라왔다, 그렇지만
인왕산 기슭 옛 경희궁터
학교에는 미군이 주둔한 채였고
거기에서 통역일을 하던 영어선생의 소개로
제62공병중대의 취사부가 되었다

그가 감자를 깎고 양파를 다듬을 때
라디오는 중공군 개입을 알렸다
후퇴하는 부대를 따라 대구에 와서는
구두를 닦거나 방을 치우는
하우스 보이가 되었다

미국 음식 먹고 미국 옷 입고
치외법권이 인정되는 철조망 안은
일종의 안전한 도피처
부대의 울타리만 벗어나면
거리마다 검색이 있었고
청년들은 걸렸다 하면 여지없이
군대에 들어가야 됐었다

당시의 그에게는 자본주의와 공산주의를
가치평가하고 어느 한 편에
가담할 능력이 없었다

그렇지만 어떤 이념도 종교도
집단살인을 범하면서까지
옹호할 가치는 없다고 생각되었다
더구나 동포형제를 죽이기 위해
자기의 목숨을 걸 수는 없었다
그리하여 스스로 새장 안에 갇혔다
기름진 음식 고급 과일
그러나 운명의 열쇠는 남에게 내맡긴
그는 그곳을 풍성한 새장이라 불렀다.

5

서울과 부산 사이를 왕복하며
철도기관의 업무를 감독하는
스미스 대위와 메카프리 소령의 이동 화차간
객실은 양쪽 끝에 있고
중간은 식당 겸 응접실, 거기에서
그가 하우스보이 겸 쿡 겸
통역 겸 연락병 겸사겸사의
두 미군 장교의 고용원이 된 것은
오십일년 구월

아무 객차나 화차의 뒤 끝에
이 화차를 연결만 하면
잠을 자면서 식사하면서 남북으로 이동하였고
식사준비 실내정돈
한국인 철도국원과의 통역 외에
남는 시간은 독서
서울, 대전, 대구, 부산 등지에 머무를 때도
그는 별로 화차를 떠나는 일이 없었다

그런데 이 생활에서 그를 괴롭힌 것은
각 도시에 머무를 때마다
두 미군 장교가 끌어들이는
젊은 한국 아가씨들
얇은 베니어판으로 삼등분된 양편에
스미스와 메카프리의 침실이 각각 있고
가운데 칸에 그의 침대가 있었는데
그 방은 외부와의 통로요 식당이었다
미군 장교들 침실에 드나드는 여성은
언제나 속옷만 입은 채 그의 방에 와서
음식을 먹고 마시곤 했다

젊은 여인들은 거리낌 없이
육체를 노출시킨 채

넓은 엉덩이를 비비꼬며 흔들거려 보였다
미군 장교들이 공교롭게도 찻간에
없는 사이에 찾아오기도 하였다
대부분 중학이나 대학을 다니다가
가족을 잃고 혹은 헤어져서
객지를 떠도는
싱싱하게 젊고 포동포동한 아가씨들

그들이 밤낮 없는 육욕의 환락으로
몸부림칠 때마다
그는 그들의 끈끈한 숨소리를 들으며 그들의 몸짓이 가져오는
가벼운 진동을 감각해야 되었다
양쪽 옆방에서 진행되는 가쁜 숨소리
화차간의 스프링은 민감하게
옆 침대의 리듬을 고스란히
그의 침대로 옮겨놓았다

당시의 그는 술담배도 하지 않고
여자라면 할머니 어머니 누이동생 밖에 모르는 수도자
아침에 도리를 들으면
저녁에 죽어도 좋다는 말을 실감하는

목마르게 안타까운 구도자
그런데 그는 심산유곡이 아닌
흔들거리는 유곽의 침상에서
진리가 무엇인지를 물어야 했다
불덩이보다 뜨겁게 달아오른 생식기를 움켜쥐고
저 탄력 있는 여인의 몸뚱이를
안아서는 안 될 이유를 물어야 했다

몇 리 밖에서는 인간이 인간을 죽이는
폭탄이 작열하고 있으며
언제 죽을지도 모르는 기약 없는 청춘이
관능의 발동을 억제할 필요가 무엇인지
도무지 알 수 없었다
진리를 탐구하는 구도자에겐
이것이 바로 악마의 유혹이라는 목소리와
자연스런 욕구의 충족을 억제하는 것은
자연에 대한 반역이며 배반행위라고 외치는
두 가지 목소리가 죽을 듯이 싸우는 가운데
아무런 판단도 내릴 수 없었다

그러나 그의 마음 속 깊이 도사린
뿌리 깊은 결심의 하나는
어떤 일이 있어도 살아야 하는

또는 죽어야 되는 이유와
그로 말미암아 행동해야 하는
가치판단의 기준이 제시되지 않는 한
결코 자신을 바람 부는 대로
물결치는 대로 내맡길 수 없다는 것이었다
그리하여 확실한 판단이 설 때까지
성행위를 참고 보류하기로 하였다
보류는 어디까지나 보류이지
거부나 부인이 아니었다.

6

인생은 무엇이고
무엇 때문에 무엇을 위하여
살아야 하나를 알기도 전에
그는 이미 하루하루를 살고 있었다
의용군으로 끌려가 까마귀밥이 되기 싫어
도토리나무숲 토굴 속에 숨었었고
또한 국방군으로 끌려가 개미밥이 되기 싫어
미군 부대 철조망 사이로 피해 다녔지만
그는 어떻든 전쟁의 소용돌이 가운데서
물풀처럼 떠다니고 있었다

그러다가 열병을 앓았다
그는 데리고 있던 미군 소령이
철도 수송대대장으로 부임하였기에
타고 다니던 화차와 함께
부산에 머물러 살던 어느 날
말라리아모기가 연이틀 계속 물었던지
그의 몸은 주기도 없이 매일
의식이 혼미할 정도로 발열하였다
스미스와 메카프리는 장교 막사를 이용하였기에
물 한 모금 떠다주는 사람이 없었다
극심한 오한의 등 뒤에서
누군가 자꾸 바늘을 던지는
온갖 환상이 그를 뒤덮은 채
도무지 놓아주지를 않았다

아무도 모른 채
그대로 병사해버릴 수밖에 없다는 불안이
불현듯 그를 사로잡았을 때
지나간 일들이 온통 허무하였다
그리하여 생각하였다
결국 요 모양 요 꼴로 죽기 위해서
비겁하게 이리저리 도망쳐 다녔구나

전 세계 인류가 두 패로 갈려 싸우는 마당에
왜 좀더 떳떳하게 싸우다 죽지 못하고
혼자 무의미하게 병사해야 하는가
그렇다, 열흘만이라도 더 살 수 있다면
거리로 뛰쳐나가 평소의 소신대로
어떠한 이유로도 사람이 사람을 죽이는
전쟁이 합리화될 수 없다는 것을
목 놓아 외치고 싶었다
죽은 뒤의 영혼 따위는 문제도 되지 않았다

닷새 뒤에 그는 죽지 않고 살아나
다시 레이션을 뜯으며 무심히
철도 가에 늘어선 아카시아를 보았다
그러고는 생각하였다
아카시아가 이 땅에 심겨진 사회와 역사를
일제시대에 사방공사용으로 들여와
무차별 벌목으로 황폐한 산야를 눈가림한
아카시아의 내력을 생각하였다
그리고 자신이 사회적 역사적으로 형성된 존재임을
뼛속 깊이 아로새겼다.

7

전쟁이 나고 두 번째 겨울에는
바닷바람을 쏘이며 학교에 다녔다
메카프리와 스미스의 후원으로
부산 송도에 피난 중이던 서울고에 복교하여
네 달 남짓 다니고는 졸업장을 얻었다
대학 진학 문제가 나왔을 때는
맨 먼저 철학과를 생각해 보았으나
결국 택한 것은 사회학과
자기 자신 아무리 피해 다녔어도
결국 사회 속의 삶이었음을
절감한 때문이었다

비록 전시의 천막교실이었지만
그는 굶주린 늑대처럼
종교, 철학, 역사, 정치
경제, 심리, 생물, 지질 등이
강의실마다 열심히 누비고 다녔다
그때 이승만은
단독 북진통일을 요란히 외치고 있었으며
거리에는 매일같이
휴전반대의 데모대원이 동원되었다

돈도 배경도 없는 집 자제들은
모조리 전선으로 끌려가 전쟁의 제물이 되는데
무사히 안전지대인 대학에 끼어든 학생들은
호국단 규율반이 강요하는 대로
시위행렬에 참가하여 휴전을 반대하였다

당시 전선에서는 놀부 부처가
맹렬히 톱질을 하고 있었다
한국전 휴전을 공약으로
아이젠하워가 대통령에 당선되는 마당에
단독으로 밀고 올라갈 능력도
밀고 내려올 능력도 없으면서
서로 유리한 고지를 차지한 채
휴전에 도달하려고
무수한 인명을 살상하고 있었다

그가 맡은 일은 철도 공작창
야간 통역이었기에
후송차에 가득 실려 오는 중상자들을 매일
눈 쓰리게 보아야 할 처지였다
그리고 학교에 나와서는
학도호국단 규율반의 눈을 피해
대덕산에 올라서

데모로 왁자한 시내를 내려다보았다
그가 보는 하늘과 땅은 너무도 아름다웠다
그렇지만 그 속에 사는 인간들은
미친 것이 아니라면 너무도 추악하였다.

8

교수들은 열성으로 강의했고
그도 세 학기 동안 열심히 들었으나
누가 무슨 말을 하고
누구의 학설은 어떻고 하는
맥 빠진 지식장사로밖에 보이지 않았다
민족 현실에 대한 능동적인 사색은
찾아볼 수 없었다

그리하여 학우들과
공동연구를 위한 소모임을 조직하였다
민족통일의 문제는
가장 중요한 토론의 주제였다
사회과학도가 추구해야 될
사회의 발전과 번영
침체와 파멸 등의 모든 문제가

이 땅에서는 통일의 문제로서
제기되지 않을 수 없었다

육이오의 의미에 대해서도
토론하였다
육이오는 미·소가 한반도를
분할점령하면서부터 준비되고 있었다
그들에게 중요한 것은
자기 세력권을 어떻게 유지 확대하느냐였을 뿐
한국 민족의 자주독립이 아니었다
독일과 오스트리아는 분할점령을
민족적 비극으로 시인하고
한 쪽 분할 점령자의 힘에 의지하여
통일을 달성하려는 자가 없었다
그러나 한국의 극우극좌 정치세력은
분할 점령자를 해방자로 착각하고
어느 한 쪽 해방자의 힘에 의존하여
통일을 이룩하려고 생각하였다
남·북은 서둘러 미·소의 군사 경제적 지원을
받아내기에 여념이 없었으며
남·북 모두 무력만이
유일한 통일의 길이라고 외치고 있었으니
그 필연적 결과가 육이오였다

또한 자본주의와 공산주의에 대해서도
토론하였다
그러나 무엇보다도 불행한 것은
자본주의 체제의 모순은 몸소 체험하면서도
이를 부인하는 공산주의에 대해
아무것도 알지 못하게 부단히
눈을 가린다는 사실이었다
맑스, 레닌이 그르다는 말은 들었어도
그들이 뭘 말했는지는 알 길 없었다
그렇지만 국민을 위한다는 주의가
소련 탱크와 미국 비행기를 끌어들여
온통 피바다와 잿더미를 만들었으니
무슨 할 말이 있는 것인지 납득할 수 없었다

거리에는 여전히
북진통일을 외치는 시위가 계속되고
신문들은 하나같이
휴전반대의 논설로 열을 올렸지만
전진하는 세계사는 자본주의와 공산주의
어느 한 편에 승리의 깃발을 주지 않고
사 년 만에 휴전이 되었다
대학은 여름방학에 들어가고

새 학기는 서울에서 개강될 것이 공고되었다

그는 이 무렵 모임 구성원들의
주어진 문제에 대한 진지한 대결의식이
완화되는 것을 느끼고 무척 외로웠다
역사의 필연으로 사회주의의 승리를
막연히 믿는 친구도 있었고
말세적인 현실은 하나님의
최후심판으로 결정된다고 보는 친구도 있었으며
민족현실을 단순히
약육강식의 희생물로 보고
비관해버리는 친구도 있었다
그리하여 각자 자기의 생활방도를
구축해가고 있었다

당시의 그는 보다 오랜 세월을 두고
연구와 탐구의 생활을 보장할 수 있는
교수가 되기 위한 공부와
오직 탐구를 위한 돌격적인 공부와의
두 갈래 길에서 망설이고 있었다
현실을 도피하지 않고
민족이 당면한 문제를 해결하기 위해서는
직업을 위한 공부와 탐구를 위한 공부가

일치하지 않는 것으로 보인 때문이었다
그러나 그에게 있어 망설임은
확고한 선택의 과정일 뿐이었다.

4장

평화통일을 위하여

1

영원한 진리와 더불어 결혼하겠다던
중학교 때의 맹세를 깨고
영원한 열반에의 길과
땀과 눈물로 엮어지는 삶의 길 사이를
명확히 분별하여
삶의 길을 선택하게 되는 것은
모임의 일점홍이었던 이양의 환상이
그의 머리를 꽉 채울 때였다

그들의 연애는 여름방학으로
소모임 활동이 끝나면서부터
여린 꽃가지를 벋어 올렸다
다른 친구들은 상경하여 없고
부산이 집인 그녀와는
해운대와 송도 등의 모래밭에
무수한 발자국을 남기게 되었다
파도는 밀려와 그들의 가슴에
하이얀 물거품을 남기고 물러가서는
부글거리는 물거품이 미처 스러지기도 전에
다시 밀려와 부딪혔다

가을학기 동안
그는 학비 때문에 휴학한 채
부산 철도 공작창에 그대로 머물렀고
이양은 서울에 사는 언니집에서
학교에 다녔다
그때 중풍으로 몸져누운
그녀 아버지의 최후 소망이
막내딸의 조속한 결혼이었다
그리하여 그에게 무척 떨리는
구원의 신호를 보내왔다

그는 편지에 썼다
자기가 껴안고 깨뜨려야 할
숙명이 무엇인가에 대하여
이 민족이 남북으로 두 동강 나서
이대로는 결국 죽을 수밖에 없는 것이
자기의 삶이 두 쪽으로 나뉘어
죽어가는 것과 같으며
통일을 향한 자기의 삶을 위하여
눈물어린 사랑을 베풀어 달라고 부탁했다
창조의 길은 땀과 눈물로 엮어지는 것이고
영원의 길은 평정의 열반인데
이제 그는 땀나는 창조의 길을 선택해

바야흐로 떠나야 할 시점에 있으며
땀 흘리느라 뜨거워진 몸을 식혀줄
눈물의 여인이 꼭 필요하니
삶의 반려가 되어 줄 것을 부탁했다

결혼에 관한 한
이 얼마나 뜬구름 잡는 소리인가
이 세상 그 어떤 여자가
사랑에 이런 거창한 조건을 붙이는 남자에게
선뜻 의지할 마음이 내키겠는가
이양은 돌연 언니가 중매한
모 공대 출신과 결혼하여 그 집 정원에
연애의 꽃가지를 옮겨 심어버렸다.

2

우리가 어떤 상황에 부딪혔을 때
불가피하게 그 상황에 대한 판단과
그에 따르는 행동이 필요하게 된다
그러나 판단의 기회는 한정되어 있어서
우리가 산다는 것은 언제나
기한부의 전투 명령과도 같은 것

우리는 다가올 미래에
어떻게 살 거라고 말할 수 있는 게 아니고
닥치고 있는 이 순간에 과연
어떻게 살 것인가를 묻고 있는 것이다

그는 생각하였다
포동포동한 여인의 체취를 맡고 그녀의
쌔근대는 숨길 앞에 앉혀진 인간이
언제까지나 참고
자기가 취해야 할 성행위의 의미를
물을 수는 없는 것이라고
다시 돌이켜 살 수 없는 게
인생이고, 유예할
바늘 끝만한 여유도 없는 지금 곧
이 자리에서 행동해야 한다고

그리하여 그는 평화통일을 위한
첫 번째 행동에 돌입했다
삭발을 한 채
수난 받는 겨레의 하얀 두루마기를 입고
탐루(探淚)라고 쓴 등불을 켜들고
광복동 네거리에 나가 외쳤다
「눈물을 가진 사람은 없는가

피 묻은 잿더미가 성에 안 차
아직도 무력북진을 외치는 권력자에게
항거할 사람은 없는가
눈물을 가진 사람은 없는가
이 겨레의 평화통일을 위하여
열강의 분할 정책을 반대하며
진정으로 눈물 흘리는 사람은 없는가」

그는 다방과 땐스홀에도 들어가
대낮에 등불을 높이 들었다
다방과 빠아의 마담들은
동냥 나온 중으로 알고 동전을 던져주며
나가 달라고 했다
돈을 거절하니
몇 푼 더 얹어주며 쫓아냈다
그 다음 날은 거리에서
드디어 체포되었다
북에서만 평화통일을 주장하던 당시로는
사상이 대단히 의심스러운 경우였다

취조하던 북부산서의 경찰관들이
처음엔 마구 땅땅거리며
따귀를 때리고 야단이더니

「나는 당신들의 국가적 명령에 반대한다
그것이 어떤 명목으로 치장되었건
동포가 동포를 죽인다는 것은
삶의 길이 아니기에 나는 죽음으로써
당신들의 명령에 반대한다」고
굽히지 않고 대드니
나중에는 어처구니가 없어져서
「정부가 단독 북진을 외친다고 해서
정말 전쟁이 터지는 것도 아니니
과히 걱정 말라」며
훈방하였다.

3

수도가 서울로 복귀한
봄학기부터 그는 상경하여
삭발을 하고 한복을 입은 채
정상적으로 학교에 나갔다
소모임을 같이 하던 친한 친구들 외에는
그를 중이 된 것으로 혹은
막연히 미친놈으로 여겼다
그를 아끼던 교수의 질문에 대해서는

온 가족이 전쟁통에 죽어서
상복대신 입었다고
답변해 두었다

그는 이제 강의실에 들어가기보다
도서관에서 책을 읽는 시간이
훨씬 많아졌다
교수들의 강의가
절박한 현실에는 눈을 감고
글자 풀이와 관념의 유희로
시간을 메꾸고 있는 것으로 보일 때
참을 수 없는 심정으로 강의실을 빠져나와
현실타개의 출구를 찾기 위한
돌격적인 공부에 몰두하였다

어느 날 도서관 앞에서
기독교도인 친구 신군을 만나
토론하였다
「우리 민족의 통일이 지상과제인 줄은 알아
이 땅에서 다시 전쟁이 일어나서는
안 된다는 것도 알아
그렇지만 우리가 그것을 어떻게 한단 말인가」
「비록 우리 개개인의 힘이

거대한 역사의 수레바퀴에 얼마만큼
힘을 줄 수 있느냐는 의문이라 하더라도
역사는 어디까지나 사람의 역사이며
그렇기 때문에 또한
사람의 힘에 의해 움직여진다는 것은
부인할 수 없지 않은가」
「아무래도 나에게는 마치
가파른 산벼랑에서 지축을 울리며
굴러 떨어지는 바위를 향해서
그것을 멈추게 하겠다고 뛰어드는 사람처럼
위험해 보이는군」
「그래, 핵전쟁이 나고
한반도가 코발트 지역이 된다 하더라도
개인의 힘으로는 어쩔 도리가 없으니
무력북진을 반대하는 것은 무모하단 말이지」
「그야 굴러오는 바윗덩이가
우리 모두를 멸망하게 하더라도
우리 힘으로 어쩔 수 없는 일이라면
하나님의 뜻이라고 생각하는 수밖에」
「이승만의 개인적인 망령이
새로운 전쟁을 가져온다면
그 책임은 그 개인에게만 있는 것일까
민족 존망이 개인의 의사로

좌우되는 것도 아니지만
그를 대통령으로 앉혀 놓은 국민들은 뭔가」
「그렇다고 지금 평화통일을 추진하기 위해
세력을 규합하고 조직을 만든다면
당장 잡혀가서 손발이 묶인 채
아무것도 못할 게 아닌가」
「그야 물론 그렇겠지 그러나
우리가 할 수 있는 최선의 일을
해야만 되지 않을까」

신군은 그에게
현실에 대한 결사적 반항을 의미하는
한복을 벗기를 권했으나
그의 완강한 고집으로 실패하고
쓸쓸히 헤어졌다.

4

펄럭이는 푸른 깃발을 위해서
또는 붉은 깃발을 위해서
갖은 열성을 다해 싸우는 순교자들을
얼마나 많이 보았던가

온갖 욕망으로 들끓는 유황불에
속절없이 뛰어드는 불나비를
우리는 얼마나 많이 보았던가

무모한 패싸움 그렇지만 이것은
젊은이들에겐 강요사항이었다
어느 깃발의 지배 아래 놓이든
청년들은 언제라도 살인을 하도록
훈련되어야 했다
자기는 옳고 남은 무조건 그르다는
독선이 무성할 뿐
죽여야 할 형제의 말은
들어볼 기회조차 없었다

그는 스스로에게 물었다
「우리는 불가피하게 좌 아니면 우
어느 한 쪽을 선택하고
다른 쪽은 파괴해야만 하는가
한 쪽을 파괴하는 것이
전체의 파멸을 의미할지 모르는데
양자택일만이 길인가」
그리고 대답하였다
「아니다, 그렇지 않다

어느 한 편도 절대적일 수 없다
믿음에 의한 맹목적 추종이 아니라
상호이해에 의한 협동이
요청될 따름이다
푸른빛과 붉은빛이 섞여서
새로운 빛깔이 창조되어야 한다」

그리하여 그는
남북한 위정자들을 향한
장문의 호소문을 작성하였다
이 땅에 다시는
전쟁이 되풀이 되어서는 안 되고
이대로 분할된 채로는 살 수 없으니
살 길은 오직 평화통일이라고
호소하였다
남·북을 지배하는 어버이들에 의해
보람 없는 죽음과 청춘의 낭비는 물론이고
형제들에게 총칼을 들이대도록
강요당해 왔는데
이제는 더 참을 수 없으니
진정 해방되어야 하겠고
평화통일을 위한 바탕으로
남·북의 젊은이들이 서로를 이해할 수 있도록

공동의 광장이 마련되어야 한다고
역설하였다
이것은 일종의 가슴 아픈 비명
듣는 이야 있건 없건 구원이야 오건 말건
참을 수 없어서 터져 나오는
외마디 소리였다

그는 두 통의 호소문을 작성하여
이것을 남·북에 동시에 전달하기 위해
판문점에서 결사적으로 노숙할 작정이었다
휴전 다음 해 구월 말 어느 날
배낭을 메고 서울역을 출발하였다
휴전선 지대를 무작정 통과해서
판문점까지 갈 수는 없다고 생각했으므로
금촌에 주둔하고 있던
해병대 사단 사령관을 찾아갔다
그도 한국인이니 귀가
뚫렸으려니 생각한 때문이었다
사령관이 마침 외출 중이어서
전속부관 한 사람과 이야기하게 되었다
그는 거리낌 없이
찾아온 목적에 대해서 이야기했다

그 뒤 한 시간쯤 지나서
그는 사복형사에게 인도되어
찦차를 탔다
삭발을 하고 한복을 입은 채
경찰서 사찰계에서 심문을 받을 때
그는 주저 없이
호소문의 정당성을 역설하였다
경기도 경찰국을 거쳐
치안국 특정과로 이송되었는데
육이오 때의 경력을 위시한 뒷조사가
며칠 동안 엄밀히 진행된 다음
특정과장 오씨 앞에 불려 세워졌다
「이놈아 어린놈이 뭘 안다고 까불어
공산당이 우리하고 똑같은 사람인 줄 알아
얼마나 무자비한 폭력주의자들인데
그놈들이 지금 휴전을 시켜 놓고
눈이 시뻘게 가지고
전쟁준비에 날뛰고 있는 판에
무슨 놈의 평화통일이야
네 통일방안이나 네 생각이
나쁘다는 것은 아니야
그렇지만 그것은 공산주의의 '공'자도 모르는
철부지 소리야

송청해서 형무소로 보낼 수도 있지만
학생이기에 특별히 봐주는 거야」
이러한 훈시를 듣고 석방되었다.

5

그 뒤 그는 학교에다
자퇴원서를 냈다
호소문 때문에 취조를 받을 때마다
「마 학생놈이 공부나 하지
무슨 놈의 통일이야」 하고 호통 치는 바람에
학생이란 신분이 거추장스럽게 느껴졌고
사회학도로서 공부하는 목적이
주어진 현실문제 해결일진대
당시의 학원 내에서는
그 해결 방도를 구할 수 없다는
결론 때문이기도 하였다

그는 이제 평화통일이
공상이 아니라는 사실을 증명하기 위해
구체적인 방안 마련에 몰두하였다
연구를 하면 할수록

또 다른 육이오와 핵전쟁으로
민족의 파멸을 원치 않는 이상
평화통일 밖에는 방법이 없다는 것을
더욱 굳게 확신하게 되었다
그는 다음 해 이월까지
통일독립청년공동체 수립안을 작성했는데
전문 삼십 개 조항과 부록
청년 총선거법안 및 공동체 운영원 조직법안 등의
방대한 문헌이었다

그 기초가 되는 현실인식은
통일이 되면 권력이 하나밖에 없는데
물과 불인
남·북의 두 권력이
양보타협으로 자기의 권력을 다소곳이
상대방에게 내주지 않는다는
정치적 생리였다
평화통일을 위한 제네바 회의의 결렬은
남에서는 유엔 감시 아래
북에서는 중립국 감시 아래
총선거를 주장한 것이 원인이라기보다
실은 양보할 수 없는

정치권력의 생리 때문이었다

그 내용은
남북을 지배하는 두 정권 당국이
상호승인 비동맹 불가침으로 존속하되
청년들에 대한 통치권을 포기하고
독립한 청년공동체를 수립하여
청년과 미성년자들의 국적은 공동체에 속하며
남·북의 정권 당국은 협정에 의해
통치권을 하나하나
공동체에 이양한다는 것이었다, 또한
생산수단은 공동상속제를 통하여
소유자의 죽음과 함께 공동체에 귀속되고
이것을 공동으로 관리하거나 분배하여
그걸 바탕으로 자유경쟁, 그리고
판문점을 중심으로 반경 십오 킬로 내외에
공동체 운영 도시를 세우자는 것이었다

남북에 현존하는 정치권력의 상부에다
연방정부를 세운다는 생각도 해 보았지만
그것은 좌·우 두 세력을 견제하며
연방정부를 지탱할
세력기반이 없어서 곤란하고

비록 참을성 있는 노력으로
오랜 기간이 걸리겠지만
남북에 현존하는 정권의 하위에다
청년공동체를 세워서
기성세대의 노화와 함께
점차적으로 통일을 달성할 수밖에 없다고
생각하였다
그는 이 공동체 수립안을 대통령에게
청원 형식으로 제출하였다
모든 국민은 국가기관에
문서로써 청원할 권리가 있다는
헌법규정에 따라
주소와 성명을 명시하고
그 취지에 대해서도 상세한 설명을 하여
우송했던 것이다

그런 며칠 뒤 그는 연행되어
서울시 경찰국으로 압송되고
국가보안법 위반 혐의로 구속
중부서 유치장에 감금되었다
사상범이랍시고 커다란 독방을 차지하고
구속 기간을 연장해 가면서
엄밀한 조사를 받던 어느 날

그가 쩊차에 실려 간 곳은
청량리 뇌병원
삼 일 동안 병원 신세를 진 뒤
과대망상증이란 진단서와 함께
부모에게 넘겨졌다.

6

집에 돌아온 얼마 후
그는 고향으로 가서
군 교육청 장학관으로 있던 친척에게 부탁하여
국민학교 임시 교원 자리를 얻었다
삼학년 담임을 맡아서
따스한 봄날을 아이들과 놀며
동심으로 가르쳤다
방과 후나 일요일이면
십여 명의 남녀 아이들과
들로 산으로
곤충채집과 식물채집을 다녔다

그가 근무한 삼성국민학교는
휴전선이 되어 있는 임진강에서 오 리

선생님이라면 그 지방에서
대접 받는 계층이라
군인들에게 검문을 받는다든지 하는 일로
불편을 느끼지 않았다
어릴 때부터 낯익은 곳이기도 했지만
산과 들의 돌과 나무 모두가
그의 신경을 그저 스쳐가지 않았다

학교 뒷동산에 오르면
눈앞에 가득 출렁이는 임진강
그는 강물에게 고백하듯 말하였다
「나는 이 수난의 민족을 사랑합니다
내 운명은 그대로 우리 민족의 운명
우리 민족의 분할은 내 생명의 분할
나는 민족이 자유로울 수 있을 때 자유롭게 될 것이고
민족이 통일될 때 내 삶은 통일될 것입니다」

임진강의 흰 물결 건너
빤히 보이는 북녘 **땅**
새라면 단 몇 분 만에
날아갈 수 있는 곳이지만
그러나 그 사이에는

헤아릴 수 없는 철조망과 지뢰
밤낮을 가리지 않는 초병의 총구가
가로 놓여 있었다
그는 꿈마다 날개를 달고 퍼덕이며
군인들의 추격을 받으면서
죽음의 선을 넘어가곤 하였다

어느 날 그는 산마루에 올라서
임진강의 흰 물줄기에 넋을 놓고 있다가
문득 생각하였다
「그렇다, 나도 물이 되자
저 강물처럼 남에서 북으로
북에서 남으로
마음대로 굽이쳐 흘러보자
아무리 철조망과 지뢰들이 많다지만
이 산에 떨어지는 빗방울은
거침없이 흘러 강에 이르고
도도한 강물이 되지 않는가
나도 이 빗방울을 따라가자
지금 내가 비록 평화통일을 소망하는
조그만 물방울에 불과하지만
언젠가는 동지들이 모여 도도한 강물이 되어
한 많은 분단의 장벽을

부숴버릴 날이 오지 않을 것인가」
그리하여 그는 물과 함께
참게처럼 개울을 따라
기어가면 된다고 생각하였다.

7

헤아릴 수 없는 지뢰와 철조망
수많은 초병의 총구가 노리는
임진강을 건너기로 작정했을 때
어찌 두렵지 않았으랴
무사히 건너갈 아무런 보장도 없으며
돌아올 기약은 더욱 없었다
그러나 그는 그 길을 떠나기로 했다
그래야만 조국의 통일로 가는
통로를 찾을 수 있기에
민족의 통일에 대한 희망이 없는 한
그는 이 민족과 함께
질식할 수밖에 없다고 느꼈으므로

그가 기대는 것은 오로지
생명력

단단한 각질에 싸인 여린 씨앗이
껍질을 부수고 움터 나오듯
삼천리 곳곳에 흩어져 묻힌
상수리 도토리 깨금 열매들이
봄비에 젖어 싹을 틔우듯
자기가 가는 길은
삶과 생명의 자연스러운 행로이므로
단단한 권력의 껍데기를
마침내 부수고야 말 거라고 믿었다
자기 한 몸 죽어지더라도
역사의 흐름은 계속
자기가 추구한 행로를
밟아갈 것이라고 확신하였다

1955년 단오 운명의 날
오랜 가뭄 끝에 아침부터
장대비가 쏟아졌다
첫째 시간은 국어였는데 정상 수업을 하고
둘째 시간부터는 천막교실에서
자기만이 아는 송별회
미리 준비해 둔 과자와 사탕을 나눠 주며
노래자랑과 합창을 시켰다

저녁 무렵
조그마한 보따리 하나 들고
국방색 군용 우의 입고
물꼬 보러 나온 농민의 걸음걸이로
들판 한가운데 있는 임진강의 지류
탄포천에 도착하였다
그는 개울가 버드나무 숲에 앉아
포도주 한 병을 마시면서
밤이 깊기를 기다렸다
비는 계속 폭우로 내리고
어둠은 천지를 뒤덮어 안개처럼
그의 온몸을 감싸며 살 속으로 스미는데
가슴 속에 타오르는 불꽃은
점점 열기를 더해갔다
포복전진하여
경비선이 있는 동둑을 넘고
머리끝이 쭈뼛한 가운데
찌그러진 가시철조망을 넘어
무성한 갈대밭에 몸을 숨겼다

썰물 때가 아직 멀었다는 것을 알면서도
기다리는 시간은 길고 초조해
미군 침대용 고무튜브에

입김으로 바람을 넣었다
비닐로 된 소지품 주머니를 허리에 차고
튜브 위에 엎드려
두 팔로 부지런히 노를 저었다
좌우의 강변은 갈잎만 살랑대고
구불구불 돌아서 한 시간가량
헤엄쳐 온 것으로 느꼈을 때
강폭은 어둠 속에 지극히 넓어 보이고
너무 내려가다가는
서해바다로 빠질 것이 염려되어
오른쪽 강변에 상륙하였다
갈밭을 헤치고 걷기에는
너무 어둡고 위험하게 느꼈으므로
날이 밝은 후 안내를 받기로 하고
갈대들을 쓰러뜨리고 그 위에
비스듬히 누웠다
팽팽하게 조여졌던 긴장감이
일시에 풀리면서
환영군중대회 장면을 상상하거나
그때에 할 말을 생각하기도 하다가
깜박 잠이 들었다.

8

빤스와 런닝만 입은 몸에
추위를 느끼고 잠이 깼을 때
날은 훤히 밝아서
고지 위에 오가는 병사들이
뚜렷이 나타나 보였다
간조 시간이어서
강물은 도망치듯 급히 흘러내리는데
강폭이 불과 오십 미터밖에
되지 않아 보였다
아차, 그는 아직도 임진강 지류
탄포천에서 헤매는 것이 아닌가

그가 북녘이라고 상륙한 강변은
그대로 남녘 땅 오금리 뒷벌
날은 이미 밝을 대로 밝아서
병사들은 모든 것을 한 눈에 볼 수 있는
고지 위를 오락가락하였다
순찰병이 언제 올지 모르니
그대로 주저앉아 밤이 되기를
기다릴 수도 없고
걸음은 내친걸음

다시 고무튜브에 바람을 넣었다
고지 위에서 총을 쏘거나 말거나
운명에 떠맡기고
튜브 위에 몸을 실었다
쏜살같이 흐르는 썰물이어서
손짓 한 번 안 하고 흘러갔다
약 십 분 흘러내리니 임진강 본류
어제부터 계속 내린 비로
수량이 잔뜩 불어나
삼킬 듯이 넘실대고 있었다

이제 그의 몸은 황해를 향해
줄기차게 흐르는 것이었다
두 팔은 애써 강물을 가로지르려고
버둥거렸지만
가랑잎 위에서 몸부림치는
영락없는 개미신세
훨씬 하류 쪽의 기슭을 목표로
기를 쓰며 허우적거렸지만
거센 물결은 번번이
목표 지점을 멀리 지나치게 하였다
한 가지 다행인 것은
비가 계속 쏟아져서

고지들을 뽀얗게 가려준 사실이었다

그런데 큰일이었다
아직 강을 절반도 못 건넜는데
바다 쪽에서 하얀 물줄기가 밀려왔다
밀물이 시작된 것이었다
흘러내리는 강물과 밀물이
거칠게 부딪혀서 부서지는 파도가
그의 고무튜브를 마구 뒤집어버렸다
이제는 튜브 위에 타고 있을 수 없었다
그저 두 손으로 튜브의 한 구석을
죽어라고 붙들고서
서해로 서해로 흘러내려 갔다
이미 한강과 임진강이 합쳐 흐르는
삼도품, 이제 곧 서해였다

기진맥진 악전고투해서
북쪽 강기슭이 백 미터쯤 남았을 때
앞쪽에는 불쑥 나온 묏부리가
강폭을 좁혀주고 있었다
그는 그 기슭에 상륙할 요량으로
죽어라고 손을 놀렸다
그러나 웬걸 묏부리 앞에서

물결은 아찔하게 험악한 소용돌이
한 쪽 손에 잡았던 튜브를 놓치고
물결과 함께 곤두박질쳤다

두어 번 물을 먹다
다시 물 위에 떠서 정신 차렸을 때
고무튜브는 저만큼
앞장서 떠내려갔다
튜브를 잡으려고 무진 애를 쓰다가
좁다란 여울목을 지나니 물결이 자고
겨우 헤엄쳐 강기슭에 닿았을 때
발가숭이 알몸은 등에다
통일독립청년공동체 수립안이 든
비닐주머니를 찬 채
반 정신을 잃고 휘청대며
육지에 올랐다.

5 장

임진강 북쪽

1

북녘 강변에 오른 그는
나지막한 철조망 넘어
어질어질 누런 보리밭 둑 지나
오막살이를 향해 나아갔다
그 집 앞 우물가에서 흙을 씻으며
놀라 바라보는 할머니에게
「잠깐만 쉬게 해주세요
이남에서 건너온 사람인데
곧 내무서로 찾아갈 겁니다」라고 말하고는
그의 몸 씻는 것을
할머니가 거드는 것도 같았는데
다시 정신을 차렸을 때
그는 그 오막살이집 안방 아랫목에서
발가벗은 채 이불에 덮여 있었다
주인 할머니의 말에 의하면
우물가에 쓰러져서 마구 물을 토하고는
정신을 잃었다는 것이다
그가 깨어나는 것을 보고
할머니는 무엇을 좀 먹으라고 권했으나
그는 아무것도 먹을 수 없었고
다시 이불 속에 들어가 잠들었다

손 들엇 하는 소리에 소스라쳐 일어났을 때
두 명의 인민군이 따발총을 들이대고
두 손을 포승줄로 묶으려 들었다
그는 이제 그들을 찾아가
안내를 받으려는 사람이라고 설명했지만
할 말이 있으면 가서 하자며
포승을 서둘렀다
판문군 내무서 월정분주소에 도착하기까지
시오 리를 걷는 도중
농부들은 모내기에 분주했다
소조밀식(疎條密植)이라 해서
가로는 넓게 세로는 매우 촘촘히 심는
모내기법이 다를 뿐
산도 들도 농민들도
강 건너 마을과 아무 차이도 없어 보였다

그는 피로를 풀 새도 없이
월북동기 월북경로 등에 대한
취조를 받았다
그리고 도강해 온 지점까지
현장조사를 나갔다
「여기가 당신이 건너왔다는 지점이오」

「예, 여깁니다」
「잘 보고 정확히 말하시오」
「예, 여기가 틀림없습니다」
「이 철조망 안에는 지뢰가 매설되어
한 발도 옮겨 디딜 수 없는 곳인데?」
「글쎄요, 내가 이곳으로
걸어왔다는 것은 틀림없습니다」
「그럼 당신이 건너올 때
저 군인들의 초소를 보았소?」
「그때는 정신이 없어서
아무것도 못 보았는데요」
「당신은 못 보았더라도
보초는 보았을 거 아니요」
「보았겠지요, 아홉 시도 넘었을 때니까」
「당신이 넘어왔는데 지뢰도 터지지 않고
경비병에게도 발견되지 않았다는 것은
있을 수 없는 일이오
아니 저렇게 홍수처럼 흐르는 강물을
혼자 헤엄쳐 왔다는 것을
어떻게 우리더러 믿으란 말이오?
더구나 당신이 의지했다는
고무튜브도 놓쳐버렸다면서」

그는 그에게 집중된 눈초리를 피하여
강물을 바라보니
과연 그도 놀랄 지경으로
강은 넓고 물결은 억세 보였다
강 건너 멀리 고향 탄현면
산봉우리들이 파랗게 보였지만
이제 가지도 못할 땅이라 생각하니
강은 더욱더 넓어 보이고
그 자신 강을 건넜다는 사실이
믿을 수 없는 기분이었다
그는 철조망 가까이 내려가서
한참동안 오르내리며
드디어 딛고 지나온 발자국을
찾아내었다.

2

평양으로 이송되어 가는
기차에서 보는 창 밖 풍경은 폐허
헤아릴 수 없는 물웅덩이는
전쟁 중에 미군 비행기의 폭탄에
얻어맞은 자국

과거에 복선이었던 곳도
하도 폭격을 당해서 흙이 모자라
단선 철도밖에 만들 수 없다는 이야기였다
평양역에 도착할 때까지
한 개의 역도
제대로 서 있는 것을 볼 수 없었으며
도시나 마을 같은 것도
찾아볼 수 없었다

기차가 평양에 도착하였을 때
여기저기 고층 건물들이
솟아오르는 것을 볼 수 있었다
육중한 기중기가 요란한 소리를 내며
돌뭉치와 철강재를 실어 나르고 있었다
가장 놀란 것은
다방이나 유원지에 한창 놀러 다닐
젊은 여학생들이 팔을 걷어 부치고
시가 복구공사를 하는 광경이었다
밤늦도록 할 수 없이 끌려나와
죽지 못해
땅을 파헤치고 벽돌을 나르는지는
물어볼 수 없었으나
손톱에 매니큐어 칠하고

명동거리를 위태로운 하이힐로
쏘다니는 아가씨만이 행복할 거라고
확언할 자신은 없었다

개성 내무부 거쳐
평양 내무성에서 수차 조사 받았는데
그때마다 진실을 되풀이 말했지만
아무도 믿지 않았다
「당신이 이 청년공동체 수립안이라는
평화통일 방안을 창안해서 만들었다지요?」
「예」
「당신 서울 문리대를 다녔다는데
무슨 과를 전공했소?」
「사회학과입니다」
「몇 년?」
「삼 학년에 중퇴했습니다」
「응 그래 국제법이나 법률을
전공하지도 않은 당신이 이 방대한 외교문서를
혼자 작성했단 말이오?
대학원에서 법률 연구만 한 사람도
이렇게 만들기는 어렵소」
「어쨌거나 내가 만든 것임에는
틀림이 없습니다」

「그건 그렇다 치고 남반부에서
평화통일을 공공연히 주장할 수 있소?」
「평화통일을 주장하는 사람은 없지만
못한다는 규정은 없을 겁니다」
「그래서 당신은
평화통일 방안을 이승만에게 제출하고도
무사했단 말이오?」
「먼저도 말한 바와 같이
이십 일가량 유치장에
구금되었다가 석방됐습니다」
「그래 국가보안법 위반 혐의로
구속됐던 사람이 감시도 받지 않고
휴전선 부근 국민학교
교사로 취직을 했단 말이오」
「예, 의심스럽겠지만 사실입니다」
「이 동네는 아주 등신들만
모여 사는 줄 알아?
개새끼들 위장을 시켜 보내려면
좀 똑똑히 시켜 보내지
엉터리로 꾸며 가지고 어린놈을 보내?
당신이 임진강 북쪽에 도착한 게
아침 아홉 시였다는데
요컨대 국방군이 보호해 주는 조건 아래

유유히 헤엄쳐 왔단 말이 아니오?」
「아닙니다. 밤중에 떠나서
잘못 알고 상륙했다가 잠들었기 때문에
부득이 그렇게 됐습니다」
「목숨을 걸고 넘어왔다는 사람이
도중에서 잠이 들었다?
이거 도대체 이해가 되오?」

그에게는 특별히 뒤집어 보일
버선목도 없었고
취조관들은 모두 그를
간첩으로 단정했지만
왜 요시찰인이 되지 않고 휴전선 부근에서
교원 노릇을 할 수 있었는지
왜 아침에 강을 건넜는데
양쪽 초소 모두에게 발각되지 않았는지
왜 지뢰밭의 지뢰가 터지지 않았는지
그 자신도 우연으로밖에
돌릴 수 없는 처지였다.

3

밤을 꼬박 새운 다음날도
중좌와 대좌의 방을 옮겨 다니며
취조는 계속되었다
「당신 지금 이 평화통일 방안의
취지와 내용을 설명할 수 있겠소?」
「예, 설명할 수 있습니다」
그는 약 삼십 분에 걸쳐서
우리나라가 처한 국제적 조건은
무력통일이 불가능하다는 말로부터 시작하여
청년공동체 수립의 필요성을
정성을 다해 설명하였다

공동체안을 뒤적이며
잠자코 그의 말을 듣고 있던 대좌는 별안간
「당신은 우리나라 국호가
뭔지 아시오」 하고 물었다
「조선인민공화국이라고 합니다」
「틀림없소? 당신은 우리가
일차 남진했을 때 어디 있었소?」
「서울에 있었습니다」
「그때 조선민주주의인민공화국이란 말을

들어보지도 못했소?」
「중국도 중화인민공화국이라 부르기에
북조선도 조선인민공화국이라고
불러도 되는 줄 알았습니다」
「이런 국제조약과 같은 문서에서
한 편은 대한민국이라고 썼으면서
한 편은 엉터리 국호를 쓴 것은
우리를 욕하려는 고의적인 짓이 아니오?」
그는 몰라서 저지른 실수였다고
몇 번이나 사과하여
겨우 대좌의 노기를 가라앉히고
본문 삼십 개 조항과 부록을
차례로 설명하였다

대좌는 시종 머리를 끄덕이며
듣고 있다가
설명이 다 끝나자 뜻밖에도
「몇 달 동안이나 훈련을 받았소?」
하고 엉뚱한 질문을 하였다
그는 별안간 화가 치밀어서
「아니 도대체 모두 내가
남한 정부에서 훈련 받고
넘어온 것으로 생각하시는 모양인데

그러면 좋습니다
남한 정부에서 보내 왔든지
미국 기관에서 보내 왔든지
결국 우리나라 평화통일 문제이니까
이 통일방안에 대한
당신들의 의사만 말씀해주면
될 게 아닙니까?
진정으로 우리 민족의 장래를 위해
수락하고 실천에 옮길 수
있을 만한 것이냐 아니냐를
결정하면 될 일이지
무엇 때문에 내가 만든 것이 아니라고
말하기를 강요하십니까?」

대좌는 그가 이제
실토할 것으로 생각했던지
「좋습니다 누가 보내서 왔든지
절대로 당신의 안전을 보장하겠소
그러나 국가의 정책수행을 위해서는
이 공동체 수립안이
대한민국 무슨 부서에서 나온 것인지
정확히 알아야만 되오
우리의 정책은

제안자가 누구냐에 따라 달라지는 거요
그러니 먼저 사실을 밝히고
우리의 답변을 요구하는 게
순서 아니겠소?」
그는 하도 어이가 없어
「대좌님 염려하지 마십시오
이것은 저 개인이 만들어서
개인이 제안하는 것이 틀림없습니다」
「아니, 도대체 어쩔 셈으로 그러오」
대좌는 소리를 버럭 지르며
밖으로 데려가라고 지시하였다

아래층으로 끌려나와
다시 중좌에게 취조를 받았다
그는 이제 지칠 대로 지쳐
발악하듯 말하였다
「평화통일을 위해 월북하는 인사는
누구를 막론하고 신분을 보장한다는
내무상 성명이 있었고
또 누가 보내서 왔든지
조국의 평화통일 문제를 협의하기 위해
월북한 이상
나를 죄인 취급해서 심문할 필요는

없지 않소?
도대체 내무상 좀 만나게 해주시오」
「좋소, 당신을 누가 보냈는지
한 마디만 바른 대로 말하면
내무상도 만나게 해줄 수 있소」

그는 며칠 동안 너무 시달렸고
설마 죽일 테냐 하는 배짱으로
그로서는 농담으로
「그럼 당신들이 원하는 대로 말하리다
내무부 치안국 특정과
'오'라는 사람이 보냈다고 해 둡시다」
이 말을 들은 중좌는 아무 말 않고
밖에 나갔다가
십분 후에 명함판 사진 한 장을
들고 들어와서
「이 사람이오?」 하고 내밀었다
그 사진은 틀림없이
지난해 가을 호소문 때문에
치안국으로 잡혀 갔을 때
공산당은 사람도 아니라 하던
바로 그 사람이었다
그는 머리를 끄덕여 보였다

중좌는 이제야 됐다는 듯이 좋아하며
대좌의 방으로 데리고 올라가서
자기들끼리 들락날락
한참 부산을 떨더니
공동체안과 조사기록 일체를 들고
방을 나갔다

삼십여 분 후에 그는
어느 넓은 응접실로 안내되고 거기에서
파랑줄이 굵게 쳐진 바지를 입고
견장에 왕별을 단 사람을 만났다
나중에 안 일이지만
그 왕별이 바로 내무상 방학세였다
「당신 김낙중이오?」
「예」
「그런데 왜 하필
훤한 아침에 넘겨다 줍디까?」
「누가 보내서 온 것이 아닙니다」
「아니 또 무슨 소리를 하고 있어?」
「아닙니다 하도 내 말을 믿지 않고
누가 보내서 왔냐고만 하기에
답답해서 그렇게 말해본 것뿐입니다」
그의 말을 듣고 있던 왕별은

기분이 확 상했는지
문을 꽝 닫고 나가버렸다.

4

왕별의 기분을 상하게 한 날
그는 상좌 한 사람과
소련제 찦차를 타고
곧바로 철창으로 직행하였다
그가 들어간 감방은
세 사람이 꼭 끼어서
칼잠을 자야 할 넓이였다
창문 앞으로 두 사람이 나란히 앉고
그는 변기 옆에 앉았다
그가 무슨 말을 건네려 하자
질색을 하고 손가락을 입게 갖다 대며
말을 못하게 되어 있다는 뜻을
일러주었다

취침 시간이 되자
그는 다시 취조실로 끌려 나갔다
꼬박 60시간가량

줄창 뜬눈이었으니
구워 먹든지 삶아 먹든지
멋대로 하라는 생각이 들 정도였다
취조하는 질문도
이미 몇 번이나 대답한 것이요
구구하게 변명하기도 지쳐
「이 세상에는 우연이라는 것도
있지 않습니까?」 하고 회피하니까
「우연이란 게 혹 있다 하더라도
당신처럼 하나부터 열까지
모두가 우연으로 이루어질 수는
없지 않느냐」는 것이었다

다음날부터 그는 규칙적으로
취조를 받으며 감방살이를 했는데
그가 철창신세를 지던 곳은
내무성 예심처
남한으로 말하면
내무부 치안국 고유의 경찰유치장과
법무부 검찰청의 교도소 미결감을
합해 놓은 것과 유사했다
그가 감방신세를 지게 된 이유는
물론 납득하기 곤란한

월북동기 때문이겠지만
평양으로 이송될 때까지는
죄인 취급이 아니었다는 걸 생각하면
내무성에서 좀더 정신 차려
이야기해야 했던 것이다
왜냐하면 그의 취조관인 소좌가
계속 치안국 특정과 오모와의 관련을
줄기차게 물고 늘어지는 것으로 보아
내무부 정보기관에서 투입한 간첩으로
단정하고 있는 모양이었다

취조를 받고 감방에 들어오면
그와 함께 있는 죄수들에게
마룻바닥에 손가락 글씨로
「법정 구속 기간은 얼마나 되며
그 안에 해결이 안 되면 어찌 되는가?
간첩 누명을 쓰고 그것을
벗지 못하면 어찌 되는가?」 등을
묻느라 열심이었다
감방 안 동료의식은 더욱 따스한 것이어서
최대한 친절히 그 내용을
가르쳐 주었다

법정 구속 기간이라는 것은 있으나
얼마든지 갱신할 수 있으니
그 실례로 지금 이웃 감방에는
전 부수상 박헌영이 있는데
간첩죄에 대해 시인하지 않기 때문에
일 년 넘어
그대로 갇혀 있다는 것이었다
간첩 피의자에 대한 처벌은
악질로 보이면 여지없이 사형
나머지는 무기나 십 년 형이라는 것이었다
이제 그에게 주어진 길은
사형이나 십 년 이상의 징역 외에는
없다는 것이 명확해졌다
그때까지 취조를 받던 그는
「의심 받을 수밖에 없는
많은 요소가 있는 게 사실이니까
당분간은 참아야지」 하는
온순하고도 호의적인 태도를 취했었는데
닥쳐온 사태는 예상 밖으로
너무 악화되어 있었다

전투개시!
다음날 취조실에 불려갔을 때

그의 태도는 돌변해 있었다
「치안국 특정과 오모라는 자는
특정과장 오충환이지?」
「예」
「그래서 오충환이가
어떻게 하라고 보내던가?」
「내가 평화통일에 대한 호소문 때문에
그에게 잡혀가 취조를 받을 때
북한이 평화통일을 선전한다고 해서
그 말이 진정이라고 믿는다면
공산주의의 '공'자도 모르는
풋내기 애송이일 뿐이라고
내 따귀를 때립디다」
「그래서?」
「그래서 나는 당신네들이 실제로
평화통일이라는 말로
전쟁준비를 위장하고 있는지 가봐야……」
「쓸데없는 수작 집어 치우고
뭘 하라고 보냈냐 말야?」
「보내기는 누가 보내요
평화통일 문제를 협의하기 위해
나 혼자 왔다는데요」
「이 새끼가 아직 정신을 못 차렸군」 하며

그의 볼따귀에 벼락같이
소좌의 손바닥이 올라갔다

「이것이 북조선의 민주주의요?」
그는 침착히 따졌다
「너 같은 반동분자는 아직 멀었어」
「허울 좋은 기만 성명을 해놓고
막상 월북해 오면 철창 속에 넣는 게
인민을 위해서 하는 거요?」
「기만 성명? 내무상 성명이
너하고 무슨 상관이 있어
우리 대외 정보부 보고에 의하면
네가 치안국 특정과에서
파견됐다는 것이 판명됐어
문제는 네 임무가 뭐냐일 뿐이야」
「그렇게 잘 아는 사람이
나에게 물어볼 필요는 뭐요
난 할 말 다했으니 맘대로 처분하쇼」
「좋아, 그 따위로 나가는 게
조금이나 이로운가 어디 해 봐」
소좌와 그는 서로 노려보다가
한참 후에 다시 감방으로 갔는데
이것이 그들의 마지막 대면이었다.

5

다음날부터는 예심처 부처장이라는
대좌 앞에 끌려갔다
「몸이 퍽 약해 보이는데
빨리 말해버리고 쉬는 게 좋지 않나?」
「할 말은 다 했습니다」
「자네 이승만이 결사대군
입 다물고 죽었다면 누가 알아줄까?」
그는 이제 더 이상 할 말이 없었다
그 후 날마다 잠깐씩 불러내어
생각해 봤느냐고 묻고는 다시
감방으로 돌려보내기를 되풀이하였다

감방과 부처장실 사이에는
벽돌담을 돌아 봉숭아가 피어 있었는데
응달진 곳이라 빈약한 꽃송이들이었지만
오직 그를 위해 피어 있는 것 같았고
꽃이 다 시드는 날
그의 목숨도 끝날 것만 같았다
그는 이제 그를 무던히도 사랑하던

할머니와 부모형제에게
소식조차 전할 길 없는 철창 속에서
미제국주의 앞잡이의
고용간첩이라는 멍에를 쓴 채
깊은 수렁에 빠지고 말았다

그는 하도 답답한 나머지
억울한 사정을 동료 죄수들에게
하소연해 보았다
그러나 두 사람 모두
그의 이야기에는 숨겨둔 곳이 있을 거라고
불평하면서
자기들이 취조관이더라도 그의 말을
믿을 수 없을 거라고 했다
그렇게 부인해 보았자
날이 갈수록 악질이 되고
드디어는 결사대로 인정해서
처형해버릴 것이니
사서 고생하지 말라고 권고했다
그는 이제 결백이 증명되어
살아 나가리라는 희망조차
가질 수 없게 되었다

그는 며칠 밤을 지새우며
활로를 찾기 위해 고민하였다
십 년쯤 징역을 살더라도
이승만의 결사대로 몰려 죽지 않으려면
남한 정보기관에서 투입된 간첩으로
자백해야 할 입장이었다
그러나 정보기관의 내용을 알아야
거짓 자백이라도 할 게 아닌가
그래서 그는 하는 수 없이
내무부 치안국 특정과 오씨의 이름을
계속 빌리기로 하였다
내무성에서 취조 받을 당시
한 번 들먹인 이름이라
더욱 합리적이라고 생각하였다

예심처 감방에 투옥되어
열흘쯤 지났을 때
전날과 마찬가지로
부처장인 대좌에게 불려갔다
「잘 좀 생각해 봤나?」 하는
기계적 질문에 대하여
그는 조용히
「예, 모든 것을 자백하기로

결심했습니다」라고 하면서
회개하는 죄인 모양 머리를 수그렸다
그리고는 이어서 한 시간가량
긴 이야기를 늘어놓았다

빈농의 아들로서 대학을 다니기까지
온갖 뼈저린 고학의 사연과
폐결핵으로 앓아누워
집안이 파산하게 된 사연을
상황근거로 제시하고
딱한 사정을 전해들은 친구의 소개로
특정과 '오'를 만나 오십만 환에 팔려서
고용간첩이 되었다고
눈물 나게 꾸민 이야기를 자백하였다
서울 남산 밑 여관방 같은 곳에서
이십 일간 특수훈련을 받았는데
그 훈련이란 청년공동체 수립안의
조문들을 외우며 해설하는 것이었으며
훈련 중에 특정과장 오와
미국인들이 서너 차례 다녀갔는데
미국인들은 그가 영어를 못 듣는 줄 알고
무사히 돌아올 거라느니
못 돌아올 거라느니 지껄이더라는 사연을

슬며시 집어넣었다

그의 말을 듣고 있던 대좌는
희색이 만면해
가난하기에 목숨을 판 셈이라고
위로해 주었다
그날 오후에 그는 이 자백 내용을
자서전 형식으로 엮어 놓았는데
아무튼 합리적인 거짓말은
실제보다 훨씬 사실 같았다

진술과 자서전을 통해 그가 노린 것은
북한의 평화통일 주장을
남한에서는 전쟁준비를 위한
시간벌기 작전으로
미국 측에서는 전략 변경으로 보기 때문에
경제 건설과 전투력 강화 중
무엇을 우선할 것인가 결정하기 위해
그를 투입하였다는 점을
은근히 암시하는 데 있었다
그를 놀려보내지 않으면
남한의 전투력 강화를 초래하는
어리석은 처사라고 판단하게끔

재료를 만들어 주었다
당시 한미 간의 의견대립을
최대한 고려한 것이었지만
그는 이러한 허위자백의 결과가
어찌될 지 도무지 알 수 없었고
다만 막다른 골목에서의
안간힘일 뿐이었다.

6

돈에 팔려 넘어온,
남한 정부와 미국 기관에서 공동으로 파견한
고용간첩이라고 허위자백을 할 때
그에게는 어린애보다 순진한
믿음이 있었다
「공산주의자들도 사람이겠지
가난과 빚에 쪼들려
몸을 팔아 간첩이 되었다고 말하면
차마 죽이기야 할라고」 하는 믿음이
그를 용감하게 했다
그렇지만 사형이나
무기징역이 될지도 모르는 상황에서

어느 누가 초조해지지 않겠는가

그가 자백을 한 뒤
이 주일쯤 되는 어느 날 오후
오랜만에 맑게 개어서
죄수들은 감방 뜰의 수돗물에서
목욕 겸 일광욕을 십여 분 하고 돌아오는데
아니나 다를까
간수가 그를 따로 부르더니
기소되었다고 알려 주었다
그러자 조금 후에
머리를 박박 깎이었다
완전히 죄수가 되었다는 표시였다

최초로 강제삭발을 당하고
철창 속에 들앉은 그는
부딪친 현실 앞에 기가 막혔다
진술서와 자백에서 노린 그의 꾀에 넘어가
그냥 돌려보내 주리라는 기대는
물거품이 된 것 같았다
「반동간첩으로 재판을 받는다?
비록 사형이 아니고
십 년 징역이 된다고 치자

과연 나는 그 세월을 어떻게 참고
쇠고랑을 차고 있을 것인가?
아니 도대체 그렇게까지 하면서
살아남을 이유는 무엇인가?」
이것은 스스로에게 던지는
너무도 가혹한 질문이었다

철창 밖은 장마철이 되어
주룩주룩 비가 내리는데
감방 속에 들어차는 습기에 눌려
질식할 것만 같았다
또한 식구들이 그렇게 그리울 수 없었다
「얘 낙중아, 이거 어제 어머니가
시골서 가져온 암탉이란다」
「예, 할머니도 어서 잡수셔요
미중아, 너도 이쪽으로 와」
가족들이 단란하게 둘러 앉아
흰밥에 닭찜을 먹는 꿈을
몇 번이나 꾸었는지 모른다
그리고 이러한 꿈을 꿀 무렵
그에게는 당연히 부음도 없이
할머니의 장례가 치러졌다.

7

장마가 그치고
철창 밖의 참새 떼는 가볍게 파닥이며
강아지풀 바랭이풀
풀씨들을 쪼아 먹고 있는데
철창 안의 그는
잘해야 반동간첩의 이름으로
꼬박꼬박 십 년을 하루같이
썩은 조밥이나 씹어야 한다고 생각하니
괜히 오씨를 들먹임으로써
심문을 잘못 받았다는 후회가
온몸을 칭칭 동여매었다
죽더라도 진실만을 말하지 못하고
어떻게 살아남을 수 없을까 하는
얕은 생각으로 잔꾀를 부려
자승자박했다고 생각하니
원통하여 피를 토할 지경이었다

그리하여 밥을 굶기 시작하였다
아무 말 없이 밥을 갈라
감방 사람들에게 나누어 주었다

단식을 시작한 다음날
죄수들은 그의 밥을 계속 갈라먹지 못하고
간수를 불러 보고하였다
반동간첩이 단식을 한다고 해서
눈 하나 깜박일 것도 아니어서
그는 뱃속이 좋지 않다는 핑계를 대었다
잠자코 단식을 계속하여
거의 다 죽게 되었을 때
비로소 그의 결백을 말하고
자유의 몸이 되게 해 주든지
아니면 그대로 옥사하겠다는 뜻을
천명할 작정이었다

사흘째부터 죽이 나오더니
그것도 입을 대지 않자
의사가 찾아와 진찰을 하고
포도당 한 병을 주사하였다
입이 쓰디 쓰고 침이 마르고
온몸이 땅 속으로
잦아드는 것 같은 느낌 속에서
그는 죽음을 냉랭하게 응시하며
간절한 기도를 되풀이하였다
「하느님, 내가 이 세상에서 사는 것이

당신의 뜻이어든
나를 건져 주시옵소서」
하느님의 교파나 이름이 뭔지는
알 필요도 없다고 생각하면서
두 손을 가만히 가슴 위에 얹었다.

6 장

양시 영예전상자 병원

1

펑펑 축포가 쉬지 않고 터지는 가운데
라디오에서 흥겨운 노래가 나오더니
곧 수상 김일성의 목소리가
꽝 꽝 울려나왔다, 알고 보니
해방 십 주년 전야제
그때 그는 모란봉이 올려다 보이는
서평양시장 부근 가정집 툇마루에서
사복 차림의 두 중년 사내와
닭고기 돼지고기 쇠고기 요리가 그득한
교자상을 둘러앉아 있었다
「그동안 고생이 많았죠?」
「뭘요……」
「이제 곧 고향에 가게 될 것입니다」
이것이 식사 중에 나눈 대화였다

어떤 이유로 그에 대한 취급이
완전히 돌변한 것인지 알 수 없었다
어제 아침만 하더라도
그는 닷새째의 단식을
눈치 하나 채이지 않게 계속하던 터였다
오후가 되자 간수가 나오라는 바람에

전방인가 하고 나섰더니
세단차로 이곳에 옮겨졌던 것이다
그래서 어제 저녁부터
죽을 쑤어 달래서 먹고
푹 쉬고 있었던 것이다
그동안 어찌나 몸이 약해졌던지
변소 길에도 지팡이를 의지했으나
그래도 옥중에서 먹고 싶던 음식이기에
소화 여부는 헤아릴 겨를 없이
몇 가지를 집어 먹었다
그것이 체해서 그의 건강은
더욱 악화되었다

다음날 아침 식사 후
강이라는 함경도 사내가 나타나서
함께 나가자고 하였다
무슨 영문인지 모르지만 포로의 몸이니
잠자코 따라 나섰다
거리마다 출렁대는 군중의 틈을 헤치고
김일성 광장이 내려다보이는
고층 건물의 옥상에 올라갔다
광장에는 먼저 인민군 군악대가 지나가고
보병, 포병, 탱크부대가 행진하고

각급 학교 학생들이 울긋불긋
깃대를 나부끼며 지나갔다

구경 중에 가장 인상 깊었던 것은
어린 인민학교 학생들이
만세 만세 소리치며 행진하다가
수천 수백의 고무풍선과 비둘기를
일제히 날렸던 순간이었다
「아 저 귀여운 것들이
십여 년 후에는 남쪽에서 자라는
내 사랑스런 동생들을 향해
총부리를 겨눌 이유는 무엇인가?」
그는 바로 그 시각에
서울운동장이나 중앙청 앞에서
풍선을 띄우며 만세 부를
어린이들의 모습을 떠올리며
눈물이 글썽해지는 것을 감출 수 없었다.

2

해방 십 주년의 호화로운
행진 구경을 마치고 돌아오는 길에

그는 온통 토하고 어지러워서
식은땀을 흘리며 겨우 숙소에 도착했다
그리고 며칠 동안
꼼짝 못하고 자리에 누워
죽을 먹고 지내야 했다
매일 들러 주사도 놓고 약을 주는 이는
예쁘장한 처녀 간호원
그가 앓는 동안 강씨가
하루에 한 번 정도 병문안을 다녀갔다
그런데 그의 건강은 더욱 악화되어
먹은 것은 도무지 소화가 안 되고
옆구리와 어깻죽지가 뜨끔뜨끔 결려
도무지 기운을 차릴 수 없었다

열흘이 지나도 건강에 차도가 없으니
강씨와 간호원은
약간 초조한 듯한 눈치였다
「과거에 어디 특별히 앓은 적이
있나요?」 하는 간호원의 물음에
그는 서슴지 않고
「예 얼마 전에 폐결핵으로 고생했으니
아마 그것이 다시 악화됐나 봐요」
이렇게 대답하고는

결핵의 초기 증상들을 주워 섬겼다
당분간 아무 변함없이
그대로 누워있고 싶어서 한 거짓말이었다
자신이 놓인 입장에 대한
아무런 판단도 서지 않은 상태에서
닥쳐올 냉혹한 현실이
두려운 때문이었다
결핵이 재발한 듯하다고 했더니 다음날부터
스트렙토마이신이나 아이나 등의
결핵약이 투약되었고
그는 자기의 병이 무엇인지도 모르면서
주사도 맞고 약도 받았다

며칠 후에 강씨와 함께
한 고위층 인사가 세단차를 타고 나타났다
「그래 몸이 아파서 얼마나 고생이오」
「예, 여러 가지로 돌봐 주셔서
감사합니다」
「그런데 지금 당신의 건강이
오 리쯤은 서서히 걸을 수 있겠소?」
「글쎄요
천천히 가면 되겠지요」
「그럼 됐소, 당신의 병이

어차피 하루 이틀에 낫지 않을 모양이니
당신 집에 가서 고치도록 하시오」
「우리 집이라니요?」
「왜, 서울에 당신 집이 없소?」
「예 남한의 서울에 있습니다
그런데 내가 어떻게
남한으로 돌아갈 수 있습니까?」
「공화국 정부는 당신을
남한으로 돌려보내기로 결정했소」
「예?」
「당신은 우리 정부의 회답을 가지고
월북시킨 자들에게 돌아가야 되오」
이렇게 말하면서 가방 속에서
모조지 한 장을 꺼냈다
거기에는
「우리는 당신들이 원한다면
이 청년공동체 수립안에 대해
토의할 용의가 있다」라고
붓글씨로 씌어 있었다
「이것이 무엇입니까?」
「무엇일 것도 없소
가지고 가서 당신을 보낸 자들에게
전해주면 되오」

그 순간 그의 머릿속에는
「옳지 너희들이 나의 허위자백을
그대로 믿는 모양이구나」 하는 생각이
번개같이 지나갔다

드디어 주사위는 던져졌다
처형이나 징역에 대한 걱정은 해소됐고
이제 그가 목숨을 걸고 월북한 목적 즉
청년공동체안에 대한 그들의 반응을
알아야 할 차례였다
「저는 이대로 갈 수 없습니다」
「왜?」
「내가 이것을 들고 가면
단독 월북이라고 말하라는 지시를 어기고
모든 비밀을 폭로했다고
증명하는 것밖에 더 됩니까?」
「그렇다고 자기들이 보낸 사람인데
처벌이야 할라고」
「안 됩니다
여기 와서 아무것도 폭로하지 않고
청년공동체안을 나 자신이 만든 것으로
주장했다는 것이 보장되지 않는 한
도저히 갈 수 없습니다

그렇지 않다면 차라리
여러분의 손에 처형되겠습니다」
「그럼 이 문장을
우리는 평화적 통일에 관하여
어떤 것이든 토의할 용의가 있다 라고
고치면 되지 않겠소?」
「그런 말이라면 방송으로
누차 발표한 것이 아닙니까?
저는 조국의 평화통일을 위해
북조선 당국이 남한 정부에 제의하는
공식문서를 만들어 주신다면
죽는 한이 있더라도
그것을 갖고 남한으로 갈 용기가 있습니다
공식문서도 아닌 무의미한 것을 가지고
목숨을 걸 수는 없습니다」
「공화국 정부에서 이승만 괴뢰정부에
공식문서를 보낼 수는 없는 일이오」
「쌍방이 서로 상대방을 괴뢰라 하니
못 하는 것이 당연하겠지요
그러나 현실은 현실로 인정하고
통일을 모색하는 것이 타당하지 않을까요?」
「그럴 순 없지
괴뢰는 어디까지나 괴뢰이니까

당신은 어차피 남한으로
돌아가야 할 입장에 있으니까
이삼 일 후에 떠나도록 해야겠소
자동차에 태워서
군사분계선까지 데려다 주겠소」
「가지 않을 수는 없습니까?」
「그것은 곤란하오
당신 개인이 북반부에 살고 싶다면
이런 임무를 받지 말고 다시 오시오」
「지금 나로서는 군사분계선에 태워다 준대도
남쪽을 향해서는 한 걸음도
걸을 수 없습니다
나를 남한 형무소로 보낼 바에는
부모님이 보지 못하는
평양 형무소에 있는 게 백 배 낫습니다
내가 끝까지 남한으로
돌아가지 않겠다는 것은 아닙니다
건강이 좀 회복되기까지만이라도
제발 여유를 주십시오」
병약한 몸으로 애걸하듯 말하는
그를 지켜보던 고위층 인사는
「그럼 상부에 가서 다시 의논해 볼 테니
몸조리나 잘 하오」 하는

동정의 말을 남기고 사라졌다.

3

강제송환은 일단 보류되고
가끔 들르는 강씨의 말을 통해
서둘러 남한으로 보내야겠다는 당국의 태도가
많이 완화되는 것을 느꼈다
며칠 후 집을 옮기게 되었는데
그가 새로 머물게 된 방 안에는
여러 가지 신문과 책들이 쌓여 있고
헝가리제 고급 라디오도 있었다
남한방송 북한방송
마음대로 골라들을 수 있어 좋았고
남한에서는 전혀 보지 못하던 책을
뒤적이는 것이 기쁨이었다

그러나 북한 당국이 그를
미제의 고용간첩으로 확신하면서도
철창에서 꺼내 요양까지 시켜
남한으로 송환하려는 정확한 이유를
알 수 없어 불안하였다

그리하여 최근 국내외 정세를 알려고
근간 신문을 뒤적이다가
팔월 초순경의 <민주조선>지에서
이승만 대통령이
「38선 이남 지역 수복에 대한 성명」을
발표했다는 것을 알았다

그 성명은
「한국 정부관리 및 군사지도자들은
38선 이남의 개성 옹진 등에서
대한민국 정부의 통치권을 회복하기 위하여
일대 조치를 취할 것이라는 결의를
유엔 특히 미국 정부에
통고하지 않을 수 없다」는 내용이었다
그는 이 기사를 읽고
갑자기 그를 강제송환하려는
진정한 이유를 알 것 같았다
즉 그의 허위진술과 성명의 내용은
너무나 일맥상통한 것이었다

하루가 지나고 또 하루가 갈수록
머리칼은 점점 자라는데도
그의 건강은 더욱 악화되어

숨을 쉴 수 없이 가슴이 결리고
몇 걸음도 걷기가 힘들었다
이제 꾀병이 아니고 진짜 환자가 되어
스스로 건강을 염려해야 했다.

4

미처 다 지지 않은 단풍에
눈발이 성기던 날 마침내 옮겨간 곳은
양시 영예전상자 병원
원래 전상자를 위한 군인병원으로
양시에 세워졌었는데
뒤에 용암포로 옮겨진 것이었다
그런데 최근에 와서 극소수의
민간인의 입원이 허용되고 있었다
전쟁을 치르느라 북한 사람들에겐
특히 폐결핵 환자가 많았는데 그들에게
선망의 대상인 곳이었다

병의 자각증상이란 소화가 좋지 못하고
이따금 옆구리가 뜨끔거리는 것이었다
막상 병원에 오니 몸이 훨씬 가뿐하고

거짓말로 결핵의 증상을 늘어놓을 수도 없어
전에 폐가 나빴는데
재발했는지 모르겠다고 얼버무렸다
그랬더니 체온검사를 하고
몇 번이나 엑스광선을 찍고 한 결과
폐에는 이상이 없다고 하였다
옆구리가 뜨끔거리는 증상은
늑간 신경통일 거라며
고약을 붙였는데 거짓말처럼 나았다
지난 두어 달 동안 심하게 앓았다면
늑막이 유착된 것으로 보아
늑막염을 앓고 넘어간 것이 아닌가
추측된다는 진단이었다
십여 일에 걸친 종합진찰의 결과
위에 약간 염증이 있을 뿐이니
주을온천에 가서 요양하는 게 어떻겠느냐는
병원 당국의 말이었지만
과연 주을로 보내줄 지 의문이라
천천히 휴양이나 하겠다고 했더니
선선히 승인해 주었다

의사와 간호원들은 그가
중앙당 소속이라고만 아는 모양이었다

어느 날 의사 한 사람이 진찰실에서
단둘이 되었는데
의사는 자기의 딱한 신상에 관하여
그에게 하소연하였다
자기는 육이오 전 대구에서
남조선 노동당에 입당
전쟁 중에 월북해 온 사람인데
전쟁통에 당원증을 분실하였고 또
입당 보증인도 모두 전사해버려서
그냥 비당원으로 있다는 것이었다
그리하여 그에게 구제방도를 물었다
입당 절차가 무엇인지도 모르는 이방인이로되
그런 내색을 할 수도 없는 노릇이라
「글쎄요, 퍽 딱한 사정이시군요
이전 입당 사실에 관계없이
새로 입당하도록 해야 되겠군요」
이렇게 좀 아는 듯이 대답했더니
「그게 여간 어렵습니까?
어떻게 좋은 대책이 없을까요?」 하며
무척 애석해 하는 말투였다.

5

그가 머무르게 된 삼 병동 이 호실에는
약 이십 명 가량의 환자들이 있었는데
민간인은 그 혼자뿐
나머지는 모두 인민군으로서
저 밑의 전사에서 대좌에 이르기까지
뒤죽박죽 아무 구별 없이 뒤섞여서
같은 대우를 받는 것을 보고
약간 놀라기까지 하였다
모두들 계급장도 없는 솜동복 차림으로
주패를 치거나
전선 고지에서 도막난 철사줄이나 나무 쪼가리로 만든
소위 화선악기(火線樂器)라는 걸 뜯었는데
보통 기타나 만도린에 비해
별로 손색이 없는 음색이었다

그는 한겨울을 장병들과 어울려
재미있게 지낼 수 있었다
심심하면 주패
춥지 않은 날은 자유롭게
시장으로 들로 산보를 갔다

그는 사실상 아무런 환자도 아니었기에
병원 문화부에 비치된 도서실에서
맑스 레닌 모택동 등의 저서를
매일 규칙적으로 독파하였다
그에게는 새로운 어휘 투성이었지만
조국 통일을 추구하는 자로서
쌍방의 세계를 편견 없이
이해해야 한다는 일념으로 공부하였다
<민주조선>이나 <노동신문> 등도
병실에까지 배달되었기에
밤이면 모조리 읽었다

신문에서 읽은
가장 중요한 사건 두 가지는
그가 예심처 감방에 투옥됐을 때 옆방에 있던
박헌영의 사형언도와
소련 공산당 20차 전당대회에서
스탈린에 대한 비난 토론이었다
그는 이 사건들에 대한
인민군 장병들의 반응을 알려고
귀를 곤두세웠지만
불행히도 어느 누구도
그 문제를 화제로 삼지 않았다

그래서 하루는
그와 침대를 나란히 하고 있기에
퍽 친숙해진 하사 한 사람을
산보길로 유인해서
조용히 물어보았다
「동무는 박헌영 임화 등의 간첩사건을
어떻게 생각하오?」
하사는 한참 망설이더니
「우리는 과거에 임화의 시를
무척 좋아했었는데……」 하며
화로는 깨어져도 화젓갈은 운운의
임화의 싯구절을 외울 뿐
그래서 그가 다시
「박헌영 이승엽 임화 김남천 이들이
모두 간첩인 줄이야 아무도 몰랐겠지?」
이렇게 말하니 몹시 쓸쓸한 표정으로
「모르지……」 하고는
말을 회피해버렸다.

6

　용암포 병원에서 겨울을 지내는 동안
　그의 취미는
　일주일에 한 번 서는 장구경이었다
　애당초 북한 사회를 알려는 호기심이 동기였지만
　나중에는 가진 돈을 쓸 수 있는 좋은 기회여서
　언제나 장날을 기다렸다
　일하지 않는 자는 먹지도 말라는 구호가
　법칙처럼 지배하는 사회에서
　그에게 돈이 있을 리 없었으나
　평양에서 올 때 가지고 온
　스트렙토마이신과 아이나를 비밀리에
　팔아넘긴 데서 생긴 것이었다
　그 돈을 가지고 장날이면
　엿이나 떡을 사먹고
　이따금 기러기 고기도 사먹었다

　이월 삼월 쌓였던 눈들이 녹으면서부터
　그는 자주 들판을 건너
　압록강을 구경하러 갔다
　집더미만한 얼음덩이들이

밀려 내려가는 광경을 지켜보노라면
그 자신이 어디론가 끝없이
흘러가고 있다는 착각에 사로잡혔다
목숨을 걸고 건넜던 임진강과는 차원이 다른
흘러내리는 바다, 그것은
한반도를 만주로부터 구분해서
분명히 보여주었다
이러한 강을 국토 안에 두었던
빛나던 시대가 마냥 그리웠고
임진강마저 철조망이 쳐진 현실이
비통하였다

그는 간호원이 선물로 준
가아제 손수건을 강물에 적셔보았다
「내가 살아서 남한으로 가게 된다면
그리고 삶의 반려를 찾게 된다면
압록강물이 묻은 이 손수건을
그녀에게 전해 주고 싶은데」
이런 생각을 하며
손수건을 손바닥에 놓고 토닥거리며
병실로 돌아오기도 했다.

7

압록강변 자주 제비꽃
다투어 꽃망울 터뜨리고
밥상에 쑥국이 오를 무렵
그는 완전히 건강한 몸이 되었다
이제는 다시 싸움터로 가야 되겠다고
몇 번이나 생각하고 있던 터에
평양에서 그를 데리러 왔다
그러나 열차를 타고 달려가는 그의 심경은
어떤 운명이 기다리고 있을지
막막하고 착잡하였다
평양으로 돌아온 그는 예전에 머물던
중국대사관 근처의 민가로 돌아왔다

다음날 아침
강씨와 함께 찾아온 방문객을 맞았다
지난해 가을에는 강제송환을 명령했던
고위층 인사였다
「당신 그동안 고생이 많았는데
지금은 건강하다니 다행이오
우리 공화국 정부는
당신의 신분을 보장하기로 결정하였소

과거에 미제의 고용간첩이었거나 말거나
우리는 일절 묻지 않기로 했소
그러니 안심하고 앞날을 결정하시오
북반부에서 대학에 들어가
공부하겠다면 공부시켜 주겠고
부모형제가 있는 남반부로 가겠다면
언제라도 돌려보내 주겠소
그러니 서슴지 말고 당신의 뜻을 말하시오」
그는 우선 고맙다는 인사를 치르고서
생각할 여유를 청하였다
「그럼 잘 생각해서 내일
강동무를 통해 결정을 말하시오」 하고는
방문객은 돌아갔다

그의 머리는 하루 동안
온갖 생각으로 분망하였다
그 중 가장 중요한 것은
「내 자신의 신상을 위해서
북에 머물거나 남으로 가거나를
결정해서는 안 된다
문제는 이 겨레의 통일을 위해서
취해야 할 다음 단계의 행동이
무엇인가이다

청년공동체안이
한국 정부와 미국 기관의 공동작인 것으로 되어 있지만
누가 만들었건
북조선 당국이 어떻게 생각하나를 확인하고
그것을 조금이라도 추진하기 위해
남으로 가는 거다
일 년 가까이 북녘에 머무르다
남한으로 돌아간다면
무서운 박해가 기다리고 있겠지만
조국 통일을 위해 취할 길이라면
서슴지 말고 선택하자」였다

무릇 진정한 용기는
가장 순수한 마음에서 솟구치는 샘물
스스로 그득히 고여 마르지 않고
수많은 목마름을 적시는
축복의 샘물

다음날 그는 강씨에게
어제 오신 분을 다시 만나고 싶다고
청하였다
사흘 뒤에 그 고위층 인사가

다시 찾아오니 그는 말하였다
「대학에 들어가 공부하고 싶기도 하고
가족을 보고 싶기도 한데
아직 나이가 어리기 때문인지는 몰라도
가족들이 무척 그립습니다
그래서 나는 남한으로 가겠습니다
그러나 지금 이대로 남한으로 간다면
가서 뭐라고 말하겠습니까?
나를 정보사업의 배신자로 규정한다면
어떻게 살아남을 수 있겠습니까?
물에 빠진 놈 건져주니
보따리까지 달라고 한다고 생각 마시고
한 가지 부탁만 더 들어 주십시오
저를 기왕 남으로 보내주실 작정이면
청년공동체안을 나 개인이 만든 것으로
속은 체 하시고
공동체안 하나하나를 함께 검토해서
북조선 당국을 대변할 만한
답변을 들려주십시오」
그의 이러한 간절한 요청에 대해
고위층 인사는 간단히 말하였다
「그것은 어려운 일이 아니오
오늘은 그 공동체안을 가지고 오지 않았으니

다음 기회에 이야기 합시다
남한으로 가기 전에 평양 구경이나 하며
푹 쉬시오
아무 걱정할 것 없소」

8

사월과 오월은 대체로
평양 부근의 관광에 소일하였다
모란봉 연광정 같은 고적지는 물론이고
관개공사장, 제강소, 조선소
조국해방전쟁기념관, 민족해방투쟁관 등
수많은 곳을 세밀하게 구경하였다
그 중에 그를 가장 슬프게 한 것은
해방전쟁 기념관
그것은 남한의 반공전시회와 유사한
그러나 물론 정반대의 입장에서
육이오 중에 일어났던
각종 사건의 사진이나 유물 등을 전시한
굉장한 규모의 기념관이었다
유태인의 기름을 짜서
비누를 만들었다는 나찌의 잔혹이

남의 일이 아니라는 것을 보여주었는데
기가 막힌 것은 그걸 통해
새로운 증오심을 기른다는 사실이었다

전쟁 기념관을 관람하고 오던 길에
그는 강씨에게 물었다
「북에서는 이 전쟁을 왜
조국해방전쟁이라고 부릅니까?」
「미국놈들이 남반부를 강점하고 있으니
그놈들을 몰아내고 해방하자는 게 아니오」
「그렇다면 해방전쟁을 일으킨 것이
인민군이 아니고 국방군이었다는 것은
우스운데요」
「뭐가 우스운가?
이승만이
미국놈들의 사주로 전쟁을 일으켰기 때문에
해방전쟁으로 전환시켰을 뿐인데」
그는 대화가 진전될 수 없을 것 같아
말머리를 돌렸다
「인민군은 승리했다고 하는데
패배하지 않은 것이
위대한 승리라고 할 수 있을까요?
해방전쟁에서 승리했다는데

과연 조국은 해방되었나요?」
「그러나 인민군은 미국놈과 그 앞잡이들에게
헤아릴 수 없는 타격을 주지 않았소
그게 승리가 아니고 뭐요?」
「미국 사람들에게도 물론
물자와 인명의 손실이 있었겠지만
이 땅의 국민들이 받은
생명과 재산의 피해에 견주면
어떻게 승리라고 말하겠어요?」
그는 이렇게 반문하고 싶었지만
강씨의 어조가 불쾌해진 것 같아
머리를 끄덕거리고 말았다.

9

그가 관광이나 독서로 소일하던
사월과 오월의 평양에선
조선노동당 제삼차 전당대회와
조국통일민주주의전선 확대회의라는
중대한 정치 집회가 열렸다
그는 이들 회의에서 발표된
모든 보고와 결정을 들을 수 있었으며

문헌으로 연구할 기회를 가졌다
스탈린 비판과 평화공존 노선이 천명된
소련 공산당대회 직후의 회의였기에
평화통일의 필요성이 더욱 강조된 점이
가장 인상적이었다
본의가 아닌 전술적 구호라고 하더라도
인민 대중이 평화통일을 말할 수 있다는 사실은
역사의 진보를 위해 소중하게 보였다

유월로 접어든 어느 날
집 앞에 세단차 한 대가 세워지고
거기에서 내린 몇 사람과
청년공동체안에 대해 토론하였다
그들은 공동체 수립을 위해
남북 정권 간의 불가침 조약이나
이십 만 이하로의 군대 축소,
공동체 구성원을 시행 당시
이십오 세 미만의 국민 전원으로 하고
그들에 대한 대인고권을 제한하는 사항 등의
여러 중요한 원칙에 동의하였다

그들의 반대 의견으로 중요한 것은
첫째 외국 군대의 철수 문제였다

공동체 수립안에서는 그 문제를
남북 정권이 독자적으로 결정할
내정 문제로 돌려놓았는데
그들은 공동체 수립의 전제 조건으로
외국 군대의 우선 철수를 주장하였다
그래야만 자주적 통일의 길이
열린다는 것이었다
그러나 그는 그에 대해서
주둔지 국가와 주둔군 사이에
정당한 행정 협정이 체결된다면
외국 군대의 주둔 자체가
주권을 제약하지는 않는다고 말했다
또한 공동체 수립을 보장할
강력한 중립 세력이 없는 한
외국 군대의 우선 철수가 새로운 충돌의
불씨를 내포한다고 지적하였다

그들의 두 번째 반대 의견은
대의원 수를 인구비례로 선출하는 방식이었다
인구비례제라면
공동체 운영원에서 관장할 경제 문화 교류가
공정할 수 없다는 주장이었다
그는 청년공동체에서 관장할

단계적 남북 교류가
어느 일방에 불리하게 혹은 유리하게
진행되지 않을까 하는 염려는
청년 대중의 현명을 의심하는
기우라고 역설하였다
또한 운영 대의원은
선출된 지역의 정권을 대표하는 것이 아니라
선출한 청년들의 의지를 대표하기에
대의원 수의 남북 균등은
부당하다고 지적하였다

세 번째로 문제가 되었던 것은
공동체 운영도시 설정이었다
판문점을 중심으로 반경 십오 킬로 내외라면
개성시를 침범한다는 거였다
그는 구태여 개성을 침범하려는 것이 아니고
공동체 운영을 위한 활동무대가
서울이나 평양일 수는 없는 것이니
휴전선상의 어느 곳이나 상관없다고 말하였다.

7장

심문

1

공동체안에 대한 토의가 있은 며칠 후
서평양 기자능 밑에 있는 요릿집에서
송별연회가 있었고 그 다음날
고급 세단차를 타고 평양을 출발했다
점칠 수 없는 내일을 향해
쏜살같이 달리는 자동차 속에서
그의 마음은 무겁게 가라앉기만 했다

개성의 여관에서 하룻밤 자고
그 다음날 어슴새벽
삼십 분쯤 남쪽으로 달려
카스테라 계란 담배가 든 봉투와 함께
휴전선 북방 분계선에 내렸다
그는 함께 온 소좌의 소개로
초소에 대기 중이던 소위에게 인계되고
평양에서 온 일행과는 악수를 나누었다
지도원 강씨는
「통일되는 날 나시 만납시다」하며
자동차에 올라타고
그는 떠나는 차를 향해 손을 흔들었다

날이 환히 밝은 후
그는 인민군 소위의 인도로
경의선 철도에 안내되고
거기서부터 그는 홀로
철도를 따라 남으로 걷기 시작했다
이십여 분을 걸었을 때 철조망이 나타났고
영어와 한자로 '비무장 지대'라 쓰인
양철판이 붙어 있었다
이것이 바로 부모 형제 자매
사랑하는 부부를 갈라놓은
악마의 휴전선 중앙분계선
그는 철조망에 기대어 두 팔을 벌려 보았다
왼손과 오른손 사이의 현기증 나는 거리
「왼손은 북쪽에 있고 오른손은 남쪽에 있으니
이 두 손이 한 몸이 아니란 말인가」
그는 털썩 주저앉아
아침식사로 계란과 빵을 먹고
한 걸음이 만 리라고 생각하며
비스듬히 자빠진 철조망을 넘었다
중앙분계선에서 십 분쯤 더 걸으니
장단역이 나타났다
역이며 마을이며가 모두 쑥대밭인데
유독 대합실만 옛 모습을 지닌 채였다

그는 아무도 없는 이 무인지대에서
누구의 간섭도 받지 않고 살 수 없을까
상상해 보았다
갑자기 등 뒤에서 부스럭거리는 소리에
소스라쳐 바라보니
유유히 사라지는 노루새끼 한 마리

공공연히 월남한다는 것을 알려야만
초병이 놀라 총 쏘는 일이 없겠기에
큰소리로 노래 부르며
삼십여 분을 걸어도 초소는 보이지 않고
그는 하는 수 없이 철도를 벗어나
자동차 바퀴자국을 따라 걸으니
행길에 가로목을 걸쳐 놓고 서 있는
미군 보초를 발견했다
북쪽으로부터 파나마모자를 쓴
청년신사가
산보나 하는 듯이 노래하며 나타나자
자못 어리둥절한 흑인보초
십여 보 앞에 이르러서야
정지 신호를 보내며 손을 들라고 했다
청년공동체안을 비롯한
소지품 보따리가 그의 손을 떠나고

오 분도 못 되어 짚차가 도착했다
두 눈을 헝겊으로 가린 채
한 시간 가량을 달려 미군 부대에 이르고
영창에 갇혔다.

2

의정부에 있는 사단 사령부를 거쳐
민간인 포로 신분으로
영등포에 있는 미군 정보대 안에서
감방살이를 하게 되었다
취조관이 물은 가장 중요한 질문은
월남할 때 받은 임무와
「돈을 받기로 한 것도 아닌데
무엇 때문에 목숨을 걸고 월북하고 또
월남했는가」 하는 문제였다
「민족통일을 위해서」라는 답변은
취조하는 미군 일등상사에겐
당나귀 귀에 경읽기였다
그는 한국 기관에 넘겨 달라고 요청했지만
미군의 담당 구역으로 넘어온 것이기에
취조할 권한은 자기들에게 있다고 주장하며

한국군에 대한 작전 지휘권도
유엔군 사령관에게 있다는 것을 강조하였다

그러던 어느 날 속삭이는 듯 친절한 말투의
미군 소령 앞에서
거짓말 탐지기 심사를 받게 되었다
손가락 끝에 전깃줄을 연결하고
가슴 둘레에 고무띠를 두른 채
지정된 의자에 앉았다
「문 1, 당신 이름은 김낙중입니까?」
「예.」
「문 2, 당신의 나이는 이십오 세입니까?」
「예.」
「문 3, 당신은 공산당에 입당했습니까?」
「아니오.」
「문 4, 당신은 공산당의 지령에 의해
월북했습니까?」
「아니오.」
「문 5, 당신은 가족을 만나고 싶습니까?」
「예.」
「문 6, 당신은 간첩 교육을 받았습니까?」
「아니오.」
「문 7, 당신은 간첩 임무를 띠고 남파됐습니까?」

「아니오.」
「문 8, 당신은 오늘 아침 식사를 했습니까?」
「예.」

심사가 끝나자 소령은
그래프용지를 꺼내 놓으며 말했다
「당신 두 가지 거짓말을 했군요
문 3과 문 7이 이렇게
높은 파동을 일으킨 이유는 뭐요?」
그는 잠시 당황해서 아무 말 못하다가
마음을 진정시키고
다시 한 번 시험하기를 요청했지만
결과는 마찬가지였다
옆에서 지켜보고 있던 일등상사는
기다렸다는 듯이 앞으로 다가와서
사람은 거짓말을 하지만
기계는 절대 거짓말하는 일이 없다며
노동당 입당 사실과 남파 간첩이라는 걸
시인하도록 요구했다
그날은 식사 때가 되면
연거푸 커피만 먹이면서
철야 심문을 했다

다음날 아침 상사는 다시 나타나 대뜸
「너 전기의자라는 말 들어봤나?」
그는 그것이 고문도구라는 걸 알았지만
모른다고 대답했다
「그래? 스파이가 참말을 하게 하는 기계지」
그는 어떻게 전기의자를 피할까 궁리하다가
거짓말 탐지기 심사를
한 번 더 요구하기로 했다
똑같은 결론이 나오면
모든 것을 시인하기로 약속하면서

다시 미군 소령이 질문지를 낭독했다
「문 1, 당신 이름은 김낙중입니까?」
「아니오.」
소령은 놀란 눈치로 서 있더니
질문지를 계속 읽어나갔다
「문 2, 당신의 나이는 이십오 세입니까?」
「아니오.」
「문 3, 당신은 공산당에 입당했습니까?」
「예.」
이런 식으로 모조리 거꾸로 답변했다
소령은 잔뜩 찌푸린 채
그래프를 들여다보더니

「너 개새끼, 너 같은 놈은 난생 처음 봤어」 하며
점잖은 체하던 소령의 입에서
개새끼가 튀어나왔다
옆에 있던 상사가 앞으로 다가와서
그래프를 들여다보았다
그는 이때다 싶어 잠깐 넘겨다보니
문 3과 문 7이 높은 파동인
예전과 똑같은 그래프였다
「헬로, 상사님
당신은 아직도 내 말을 못 믿고
거짓말 탐지기를 믿으시렵니까?」
「뭐라고?」
상사는 눈을 부릅뜨며 씩씩거렸다
담배 연기를 푹푹 내뿜던 소령은
그의 몸에 연결된 장치들을 풀어 젖히더니
그의 어깨를 끌면서 문 앞으로 데리고 갔다
「도망쳐!
저 철조망 있는 쪽으로 뛰어가!」
그는 어리둥절해서 소령의 얼굴만 쳐다봤다
「밖으로 뛰어서 도망치란 말야!
쏴 죽이게」
소령은 차고 있던 권총을 뽑아들며
씨근벌떡거렸다.

3

독방에 갇혀 있으면서
조사와 심문에 끌려 다니는 세 달 동안
포로수용소에서의 생활은
완전히 죄수
독방 생활에서 가장 불편한 것은
감방 안에서 용변을 할 수 없다는 점이었다
더구나 밤중에는 감방 문을 두드려서
보초를 불러야 하기 때문에
옆방에서 소변을 보러 갈 때마다
잠을 깨기 마련이었다
보초들이 하도 감방 문을 안 열어 주어서
신고 있던 군화에 오줌을 누어
보초의 얼굴에 집어던진 사건도 있었다

한 번은 심술쟁이로 이름난 일등병이
보초당번을 섰을 때
그는 자다 말고 문을 두드렸다
옆방 사람들이 잠을 깨는 것이 미안해
크게 두드리지도 못하고

삼십 분 정도 애타게 기다리다가
견디다 못해 문을 세게 두드렸다
그제야 미군 일등병이 다가와서
늘어지게 하품하며 문을 열었다
그는 부지런히 막사 밖 변소로 걸어갔다

보초병은 잔뜩 성이 나서
「개놈의 새끼들 우리를 미치게 만들어」
중얼거리며 변소 안까지 따라와
그의 어깨를 잡아 쥐며
「오줌 빨리 안 누면 죽어」 하고
등 뒤에서 지켜보고 서 있었다
그런데 막상 오줌을 누자 하니
안 나오는 것이었다
일등병이 그의 엉덩이를 걷어차며
「빨리 눠」 하고 악을 썼다
아랫배는 터질 것만 같은데
이삼 분이 지나도 역시 안 나왔다

일등병은 한층 더 기세등등해
빨리 감방으로 돌아가라고 했다
그는 바지를 여미고 보초병을 향해 돌아서서
정중하게 말했다

「죄송하지만 잠깐만 조용히 기다려 주오
하도 아우성을 치니 안 나오요」
그가 마음을 가라앉히고 오줌을 누기까지는
한참이 더 걸렸다.

4

시월의 어느 날 오후
수갑을 찬 채 군용찦차에 실려
후암동 국방부 앞 지나 남산공원 넘어
그를 데리고 온 미군 상사가 시키는 대로
찦차에서 내린 곳은
남산 중턱의 일본식 가옥 앞
그 집 문에는 「남일사」라는
회사 간판 같은 것이 붙어 있었다
검은 안경을 쓴 중년신사가 사무실에서 나와
미군 일등상사를 영접하였다
사무실로 들어가 잠깐 쑤군거리고 나오더니
미군 상사는 수갑을 풀면서
「네가 원하는 대로 한국 기관에 왔으니
잘해 봐」 하고는 돌아갔다

그는 어두운 복도를 지나
조그만 방으로 들어갔다
책상이 한 개 놓여있는 온돌방이었는데
창문 밖은 굵직한 각목들로 막혀 있어
감방 대용으로 쓰인다는 것을 느꼈다
다음날부터 검은 안경이 들어와
심문을 시작했는데
어떻게 해서 북의 공산당들이
그를 무사히 돌려보내 주었는지가
심문의 초점이었다
반드시 무슨 지령을 받았을 터인즉
그 내용을 자백하라는 것이었다
자백을 받는 수단은 고문
그렇지만 이북의 무슨 기관이
간첩을 어떻게 교육시키는지
어떤 임무를 주어 남파하고 있는지
전혀 백지인 처지에서
아무리 고문이 거칠어도 할 말 없었다

그의 입에서 기대한 말이 나오지 않자
홀딱 발가벗겨서 팔다리를 묶은 채
해방 전에는 일본인들이 썼던
욕실로 데리고 갔다

욕실 바닥에는 낡은 타이어가 놓여 있었는데
그의 몸을 들어 타이어 위에 자빠뜨리니
머리가 뒤로 젖혀진 채
온몸은 타이어에 고정되었다
얼굴에 젖은 수건을 씌우더니
코에다 물을 붓기 시작했다
그는 자신이 내는 신음을 의식할 뿐
정신이 혼몽하였다
잠시 후 얼굴에 씌웠던 수건이 벗겨지니
검은 안경이 그를 내려다보고 있었다
「바른대로 말 할 거야, 안 할 거야
지령 받은 내용만 간단히 말해」
「모든 것을 사실대로 말했습니다」
「아직 멀었어, 맛 좀 보여」

그 숨 막히는 순간 그는 잠깐
조선시대의 심문을 떠올렸다
역적모의를 했다고 하면 처형되고
안 했다고 버티면 고문으로 죽었던
아찔한 천 길 낭떠러지

그때 마침 문 밖에서
「사장님, 따님이 찾아 왔는데요」 하고

어떤 젊은이가 문을 열었다
검은 안경은 나가면서 말했다
「알아서들 해, 피라미 같은 것을」

5

남일사로 온 지 일주일쯤 되던 날
「구속영장이 떨어졌으니
경찰서로 데려 가라」는 말을 들었을 때
그는 얼마나 기뻤는지 모른다
그는 이제 고문으로 흔적 없이
죽을 염려가 없어졌기 때문이었다
그를 유치장으로 데려가던
형사의 말로는
「내 십이 년 경찰생활을 했지만
구속영장 받고 너처럼 기뻐하는 놈은
처음 봤다」였다

그가 경찰서 유치장에서
서대문 형무소로 옮겨진 것은
십일월 초순경
거기서 비로소 가족들을 면회할 수 있었다

그때 비로소 할머니가 작고했다는 걸 알았다
새벽마다 정화수 떠 놓고
그를 위해 빌다가
세상을 뜨셨다는 것이다

서대문 형무소로 이송되자
약 일주일 동안 검사의 취조를 받고
국가보안법 위반 혐의로
서울지방법원에 기소되었다
검사는 칠 년 징역을 구형하고
그는 전적으로 무죄를 주장했는데
서울지법 형사 제1부는
징역 일 년을 언도하였다
검사와 그는 고등법원에 공소하였고
그의 공소만 인정되어 고등법원에서는
이 년 간 집행유예의 판결을 받았다

대저 대한민국 영토는
한반도와 그 부속도서로 되어 있기에
그때만 해도
국토 안을 오가는 것은 죄가 될 수 없었다
 다만 반 국가 단체 구성원과 협의한 사실을 이유로

완전한 무죄가 되지 않았다
그리하여 그는 출옥하게 되었다
집을 떠난 지 실로
이 년 만의 귀가였다.

6

감옥에서 풀려나온 그는 한동안
조용히 집에서 휴양하였다
그의 통일정책이
이승만 정권에게 도통 통하지 않는다는 것은
평화통일을 주장한 대통령 후보 조봉암이
간첩으로 몰려 투옥 사형되는 것으로
너무도 분명하였다

그는 생각하였다
「민족은 통일되어야 할 것이다
역사는 민족통일을 끝내
이룩하지 않을 수 없도록 강요할 것이다
그 통일은 평화적 공존을 기초로
기성세대가 아닌 젊은 세대가
진정한 역사의 길을 개척함으로써만

이루어질 것이다
그렇지만 현실은
통일에 뜻 둔 자들은 힘이 없고
힘이 있는 자들은 뜻이 없으니
이제 이 사회의 젊은 생명들과 함께
하루하루 힘을 쌓아야만 한다
그리고 이 작은 힘들은
물방울들이 모여 큰 강을 이루듯이
민족의 평화적 통일을 향해 모이고 모여
드디어는 어머니의 진통을 강요하는
세찬 힘으로 자라야만 한다」

그는 새싹들이 잠을 깨는 봄이 오기까지는
말을 하지 않기로 했다
새 생명들이 눈을 뜨는 새벽이 오기까지는
손짓을 하지 않기로 했다
그저 잠자코 스스로 뿌리 내리는 일에
골몰하기로 했다
엄연한 현실에 뿌리박지 않는 한
사회 변혁은 곤란하다고 느꼈으므로
그리하여 팔월 한 달 시험 준비를 거쳐
고려대 경제학과에 편입하였다
그것은 경제활동이 사회변동의

가장 중요한 요인이라고 느낀 때문이었다

경제학도로서 그가 얻은
가장 소중한 결론은
역사 창조의 주체인 민중이
억압당하고 수탈당하는 상태에서는
민족통일에 대한 설계가
탁상공론이라는 사실이었다
민중이 민족의 알맹이가 되어
사회를 움직일 수 있을 때 비로소
분단의 철조망을 제거할 수 있다는 인식이었다
그리하여 그는
농업문제연구회와 노동문제연구회에 가담하여
민중의 힘이 성장하는 데
밑거름이 되기로 했다.

8장

임진강 참게

1

그가 농업 혹은 노동문제연구회에서
열띤 토론을 벌이고 있을 때
나는 농토 한 평 없는 농민의 아들로서
걸음마를 배우고 있었다

그로부터 삼십 년 세월이
무자비하게 흐른 후
어느 허름한 출판사 사무실에서
나직하나 깊은 목소리의 그를 만났다
그는 판금된 한국 노동운동사의 저자였고
그걸 인연으로 그의 생애를 알게 되었다

그의 생애를 통해
내가 체험하지 못한 시대를
우선 나의 삶에 수용할 수 있게 되었으며
글 쓰는 자는
의미 있고 중요한 개인의 체험을
모두의 체험으로 전환시킬
의무가 있다고 생각하였다

하지만 그간 삼십 년 중에

십여 년을 옥에서 보낸
또 다른 고난의 사연에 대해서는
아직 입을 열기를 꺼리고 있다
이제 평화통일은 공공연히 말하지만
상황은 별로 나아진 것이 없다
그 상황이 그의 입을 다물게 한다.

2

미끈하게 잘 닦인 통일로를
버스를 타고 가며
압록강까지 두만강까지 달리고 싶은 마음이
산불 같았지만
문산에서 내렸다
그리하여 파주종합고교에 들어섰다

임진강을 가장 가까이서 볼 수 있는 곳은
반구정이나 임진각도 있지만
강물이 하얗게 몸부림치는 모습은
일제 때는 신사가 있었던 산언덕
파주종합고교 운동장에서
가장 사무치게 절실하다

저 삼엄한 철조망 사이로
강물은 과연 어떻게 숨쉴까
상처받은 짐승처럼 신음하며
몸을 뒤집는 모습이 손에 잡힐 듯하다
그렇지만 막상 내 손은
강물에 가 닿지 못 한다

그의 설계대로
저 쑥대밭과 지뢰밭이
청년공동체 운영도시가 되어
도로가 뚫리고 빌딩이 들어서고
평화의 문화가 태양처럼 빛나는
그날을 꿈꾸어도 좋을 것인가
무기가 모두 거두어진 임진강이
남북의 청년들에게 화해의 세례를 베풀고
공동체를 기르는 젖줄이 되는 날을
그냥 기다려도 좋을 것인가.

3

들판에 곡식이 사라질 무렵

문산에 가서 보았다
길바닥에 퍼질러 앉은 늙은 농부 앞에서
꿰미에 일렬종대로 묶여
맹렬히 헛발질하는 게의 무리를

이제는 농약 때문에 논에서 밀려
저수지 수로 같은 데나 살지만
여전히 논게라고도 불리는
임진강의 참게
좁쌀만한 눈을 안테나처럼 세우고
하염없이 두리번거린다

너의 쓰린 눈에 보이는 것은
아스팔트나 현란한 간판이 아니라
돌아가지 못할 너의 고향
갈대밭이나 뻘흙일 것이다
너의 집게발에 놀라 허겁지겁 도망가는
개구리나 피라미일 것이다

벼꽃 필 무렵 물 따라 올라왔다가
서릿발 보고 다시 강으로 가는
너희들의 오랜 습속 지켜
북녘개울 남녘개울 가리지 않고

지뢰밭이나 철조망을 넘나드는 동안
네 등 뒤로 휴전선은 몇 번이나 그어졌나

하릴없이 통일로를 타고 올라와
몇 번이나 검문을 받으면서
임진강 근처를 헤매다가 돌아오는 길에
문산 버스정류장 앞에서 보았다
꿰미에 단단히 묶여 있는 나의 분신을.

| 해설 |

대극성의 합일로서 통일과
구도자의 길

임 동 확 (시인)

 오늘의 한국인에게 남북 분단은 지울 수 없는 그늘이자 숨길 수 없는 트라우마이다. 설령 그와 무관한 삶을 산다고 믿는 이들에게도 그렇다. 최근의 천안함 사태는 평소 아무렇지 않은 것 같지만 극단적인 경우 한반도는 전쟁터로 변해갈 수 있으며, 그에 따라 무고한 자들 자신의 생명과 그 가족의 재산이 순식간에 공중분해 될 수도 있다는 것을 보여준다. 모두들 애써 모른 체 살아가고 있지만, 그야말로 '전쟁을 잠시 쉰다는 의미의 휴전 상태 속에서 살아가는 모든 한국인들은 불행하게도 난민이자 잠재적인 피난민 상태에 놓여 있다는 것을 새삼 일깨워준다.

『임진강』의 주인공이 "갑자기 뻗쳐온" "참게"의 "집게발에 손가락을 잘린 꿈"을 꾼 것은, 그러므로 단순한 시적 장면이 아니다. 일종의 거세공포에 해당하는 이러한 악몽은, 일차적으로 한국인의 무의식에 억압되어 있는 검은 그림자이다. 언제 어디서라도 출몰하며 한 개인의 꿈이나 집단의 존재를 좌절시키거나 박탈하는 검은 위협과 공포를 웅변한다. 미처 전쟁을 체험하지 못했거나 분단문제를 자신의 삶과 연결시켜 생각하지 못하는 사람들의 무의식에조차 드리워져 있는 깊은 슬픔과 상처가 이러한 거세의 꿈으로 나타났다고 할 수 있다.

최두석의 서사시 『임진강』의 주인공인 김낙중은 너무도 일찍이, 그 공포스럽고 고통스런 무의식의 그림자를 보았던 자이다. 당시 한국인들이라면 당연히 감추고 짓누르고 싶어 했던 분단의 상처들이다. 그러나 제 아무리 지우거나 피하려 해도 누구에게나 예외 없이 따라다니는 그림자들의 하소연을 외면하지 못한 자들 가운데 한 명이 김낙중이라는 인물이다. 자신과 한국인의 내면에 억압되어 있는 거대한 어둠의 심연을 피하지 않은 채 선구적으로 폭로하면서, 그걸 정면으로 돌파하려 했던 과정에서 벌어진 일들이 『임진강』의 주된 줄거리를 이룬다.

그렇다고 김낙중 역시 곧장 한국인의 내면에 깊숙

이 자리한 그 그림자와 대면하려고 했던 것은 아니다. 솔직히 그는 육이오 "전쟁의 소용돌이 가운데서" "의용군으로 끌려가 까마귀밥이 되"거나 "국방군으로 끌려가 개미밥이 되기 싫어" "미군 부대"에 근무하며 망명도생을 꾀한 바 있다. 또한 그는 한때나마 "연구와 탐구의 생활을 보장할 수 있는 / 교수가 되기 위한 공부와 / 오직 탐구를 위한 돌격적인 공부와의 / 두 갈래 길에서 망설"였던 바 있다. 여타의 다른 한국인들처럼 국가적이고 민족적인 현실보다 개인적인 생존과 성취를 더 중요하게 생각하기도 했던 것이다.

하지만 어느 순간 그는 "소년시절 송화를 땄던 키큰 소나무 / 밀림은 없어지고 / 곳곳에 파여진 참호에 총구가 번뜩이는 / 군사기지가 되고 / 기독교도들이 죽어 묻히는 / 수용인원 만여 명의 공동묘지"가 되는 민족적 현실을 정면으로 주시하기 시작했다. 이와 동시에 "성황당 고개나 상엿집 골짜기에 나타나던 / 도깨비와 귀신은 모두 없어"지고, "그렇게 꽃을 함부로 꺾으면 / 죄로 간다"고 하시던 "어머니의 신앙과 / 그걸 두렵게 새겨듣던 / 어린아이도 이제 살지 않는" 전통의 삶과 신앙체계가 무너지는 걸 지켜보면서, 역사적이고 민족적인 현실을 자신의 실존적 삶의 중심문제로 받아들이기 시작했다.

그런 김낙중은 "어느 한여름 밤 / 별이 잠긴 우물가

에서 목욕을 하다가 / 몇 번이고 정수리에 두레박물을 끼얹고는 / 동서남북을 향해 경건히 절하며 / 자기는 오직 영원한 진리와 더불어 / 결혼하겠노라고 / 알몸으로 맹세"했다. 그리고 이것은 중학교 재학 시절 "미술숙제로 도안을 할 때" 온통 "물음표로 꽃무늬"를 그려 넣을 때부터 시작되었다고 할 수 있다. 어느 순간 그는 질병으로 인한 실존적 위기와 그로 인한 존재론적 각성을 넘어, 자신의 존재의의를 역사적이고 민족적인 지평에서 찾겠다는 굳센 의지를 표명했던 것이다.

구체적으로 그가 "구도자"의 길을 걷게 된 것은 "중학교 이학년" 때 얻은 "결핵" 때문이었다. 그리고 그걸 계기로 그는 "죽음이란 무엇인가 / 또한 그 때문에 삶이 무엇인가 궁리"하게 되었으며, "평일이면 도서관에서 인생론"과 "우주론", "신학"과 "불교경전 등을 섭렵"했다. 또한 "일요일이면 교회와 성당과 절을 순회"하였다. 그러면서 그는 "어떤 일이 있어도 살아야 하는 / 또는 죽어야 되는 이유와 / 그로 말미암아 행동해야 하는 / 가치판단의 기준이 제시되지 않는 한 / 결코 자신을 바람 부는 대로 / 물결치는 대로 내맡길 수 없다"는 결심을 하게 되었다고 한다.

그러니까 출세와 성공이 보장되는 대학 졸업까지 포기한 채 후일 남북 양쪽에서 환영받지 못한 험난한 통일운동가로서 김낙중의 삶과 행동은, 이러한 그의 청소년기적인 방황과 모색을 거쳐 "아침에 도리를 들으면 / 저녁에 죽어도 좋다는 말을 실감하는" "구도자"가 되겠다는 소망과 결코 배치되는 것이 아니다. 한 "사회과학도"로서의 사명감 속에서 그가 "학우들과 / 공동소모임을 조직하여" "민족 현실"과 "육이오의 의미"에 대한 의문제기와 성찰은, 제 무의식의 심연에 자리한 누미노제(Numinose), 제 안의 신성한 힘을 발견하려는 구도자적인 열정과 결단에 맞물려 있다.

그러나 그와 달리 대다수 한국인들은, "자본주의와 공산주의를 / 가치평가하고 어느 한 편에 / 가담"한 자들은 상대방을 악의 세력으로 밀어붙이며 반공주의자 또는 공산주의자로 변해가는 데 급급했다고 할 수 있다. 당연시 되다시피 했던 육이오 전쟁 기간 동안의 폭력과 살육 행위들은, 자신의 것들이라고 생각한 가치와 이념에 대한 무반성적인 태도와 결코 무관하지 않다. 또한 아무 거리낌 없이 동족을 죽이고, 상대방을 한 인간이 아닌 동물 또는 악마로 취급했던 것은 다른 이유 때문이 아니다. 실상 자신들의 신념과 행동체계를 뒷받침하는 자본주의와 공산주의가 서로 다른 그림자라는 것을 깨닫지 못한 데도 그 한 원인이 있다.

그렇듯 남북 간의 피비린내 나는 대립과 갈등의

경우 대체로 상호간의 그림자를 투사하는 데서 시작된다. 오늘날에까지 이어지는 남북대결과 그로 인한 상호간의 적대적인 대결과 비방은 서로가 자신 안에 갖고 있는 시커먼 그림자, 이유 없는 저주와 증오, 거짓과 부정부패를 상대방에 집단적으로 투사하는 데 있다. 각 소속 집단을 안으로 결속시키고 단속하기 위해 공동의 그림자를 외부에 집단적으로 투사하도록 하는 수법은 그간 남북 간의 위정자들이 흔히 써온 수법들이다. 단적으로 지금까지의 남북 분단사는 가장 추악한 자신의 그림자를 상호 투사하는 역사였다고 해도 크게 무리는 아니다.

> 자본주의 체제의 모순은 몸소 체험하면서도
> 이를 부인하는 공산주의에 대해
> 아무것도 알지 못하게 부단히
> 눈을 가린다는 사실이었다
> 맑스, 레닌이 그르다는 말은 들었어도
> 그들이 뭘 말했는지는 알 길 없었다
> 그렇지만 국민을 위한다는 주의가
> 소련 탱크와 미국 비행기를 끌어들여
> 온통 피바다와 잿더미를 만들었으니
> 무슨 할 말이 있는 것인지 납득할 수 없었다

한 인간이 전쟁으로 인한 참상과 사회적 악행에 대해서 분노하거나 증오하는 것은 지극히 자연스런 감정의 발로라고 할 수 있다. 하지만 그러한 분노와 증오의 기준과 관점이 무엇이냐고 되물었을 때 그것들이 결코 단순한 문제만은 아니다. 특히 그것들이 이데올로기와 개입되어 맞물려 있는 경우 그 사정은 더욱 복잡해진다. 즉 "자본주의 체제의 모순"은 외면한 채 "이를 부인하는 공산주의"에 대해서 맹목적으로 비난하는 것은 옳은 태도가 아니다. 이와 반대로 "국민을 위한다"는 "공산주의"가 "소련 탱크"와 "미국 비행기를 끌어들여" 한반도를 "피바다와 잿더미"로 "만든" 것 역시 그렇다. 서로에 대해 "아무것도 알지 못하게" 차단한 상태에서 상대방에 대해 퍼붓는 흑백논리적인 비방과 단죄는, 남북 간의 개인과 집단의 의식과 무의식이 따로 노는 정신적 해리현상에 불과하다. 상대방을 전혀 인정하지 않는 불구화된, 마음이 반쪽짜리인 상태에서 내리는 세계에 대한 판단은, 결국 반쪽짜리 세계상일 수밖에 없다.

김낙중이 "영원한 열반에의 길과 / 땀과 눈물로 엮어지는 삶의 길 사이를 / 명확히 분별하여" 이르바 "삶의 길을 선택"하기 전에 행한 민청이나 의용군 거부, 그리고 기독교적 창조론과 다윈의 진화론, 공산주의와 자본주의에 대한 비판과 성찰은, 그래서 더욱 소중한 장면 중의 하나다. 그가 볼 때 서로 옳거나 정당하다고 믿는 가치체계는 엄밀히 말해 숨기고 싶은 각자의 치부를 삼팔선 너머의 서로에게 전가한 것에 지나지 않는다. 그리고 그 전가 행위를 통하여 자신들의 의식으로 받아들일 수 없는 모든 부정적인 것들이 상대방에만 있다고 믿는 허위의식과 관련되어 있다. "어떤 이념도 종교도 / 집단살인을 범하면서까지 / 옹호할 가치가 없"으며 "더구나 동포형제를 죽이기 위해서 / 자기의 목숨을 걸 수는 없"다는 그의 생각은, 상대방을 전혀 인정하려들지 않으려 했던 남북의 집단적 심리투사를 꿰뚫어 본 데서 비롯한 결론이라고 할 수 있다.

김낙중이 "평화통일을 향한 / 첫 번째 행동"으로 "탐루(探淚)라 쓴 등불을 켜들고 / 광복동 네거리에 나가 외"친 것은, 그러므로 결코 돌발적이거나 우연한 사태가 아니다. 그가 모든 것에 앞서 '눈물을 찾거나 흘리는 것'이 중요하다고 생각했던 데는, 남북분단의 극복으로서 통일이 정치적이거나 사상적으로 불가능하다는 판단을 했기 때문이다. "북진통일을 외치는" 당대의 "권력자"나 "열강의 분할 정책"에 안주하는 위정자들에게 통일이란 한낱 수사에 불과하며, 따라서 남북 정치지도자들 간의 타협과 양보에 의한 통일은 불가능하다는 인식이 자리 잡고 있다. 진정한 평화통일을 위한 선결조건은 합리적이고 정치적인 협상이나 이념에 의해서가 아니라, 그것들에 오염되기 이전의 '눈물'과 같은 인간의 원초적이고 순수한 정서와 감정에 의지할 때 가능하다는 것을 시사하고 있다.

어느 때부터 조국의 운명을 자신의 운명으로 일치시키고자 했던 청년 김낙중의 "통일독립청년공동체 수립안"은 이렇게 탄생한다.

> 남북을 지배하는 두 정권 당국이
> 상호승인 비동맹 불가침으로 존속하되
> 청년들에 대한 통치권을 포기하고
> 독립한 청년공동체를 수립하여
> 청년과 미성년자들의 국적은 공동체에 속하며
> 남·북의 정권당국은 협정에 의해
> 통치권을 하나하나
> 공동체에 이양한다는 것이었다, 또한
> 생산수단은 공동상속제를 통하여
> 소유자의 죽음과 함께 공동체에 귀속되고
> 이것을 공농으로 관리하거나 분배하여
> 그걸 바탕으로 자유경쟁, 그리고
> 판문점을 중심으로 반경 십오 킬로 내외에
> 공동체 운영 도시를 세우자는 것이었다

여기서 그는 야심차게 전문 삼십 개조항의 통일독립청년공동체 수립안과 부록인 "청년 총선거법안 및 공동체 운영원 조직법안"을 제시한다. 그러면서 실현 여부와 관계없이 매우 이상적인 평화통일 방안과 실천 방안을 구체적으로 제시한다. 하지만 우리가 이러한 남북 공동체 구성방안에서 주목할 것은 그러한 내용들이 아니다. 근본적으로 이러한 남북통일 공동체안이 기존의 남북의 두 권력집단에 대한 불신에 바탕하고 있다는 점이다. 또한 그것들 속엔 "정치권력의 생리"상 남북의 그 어떤 정치집단이든 "자기의 권력을 다소곳이 / 상대방에게 내주지 않"는다는 것이 전제되어 있다는 점이다. 현실적으로 한반도를 지배하는 기존의 남북의 좌우세력에게 평화통일을 기대할 수 없다는 생각이 후일 그를 어느 쪽에서도 환영받지 못한 인물로 만들어갔던 것이다.

달리 말하자면, 그가 꿈꾸는 이상적인 공동체는 이데올로기적 대립이나 전쟁의 참화로부터 자유로운 "청년과 미성년자"가 중심이 되는, 기성의 국가체제와 완전히 다른 정체(政體)이다. 비록 "남북을 지배하는 두 정권당국"을 현실적으로 인정하면서 "상호승인 비동맹으로 존속하되 / 청년들에 대한 통치권을 포기하"라는 조건을 내세우고 있지만, 궁극적으로 그의 평화통일안은 맹목적인 분노와 통제되지 않는 야만성에 깃들인 기성세대들과 구분되는 제3의 세력 내지 세대, 서로의 검은 그림자를 상대방에 투사하기 바쁜 세력들이 결코 가질 수 없는, 순수한 열정과 이상을 가진 청년 또는 미성년 집단에 의해서만 가능하다는 생각이 그 핵심이다.

김낙중이 최두석 시인의 시적 대상이 된 것은 단연 이와 깊이 관련되어 있다. 엄밀히 말해, 김낙중이 새로운 국가체제를 구상하고 그 주체로서 "청년" 또는 "미성년자"를 내세우는 등의 행위는 분명 또 다른 의미의 정치적인 행위에 속하지만, 그의 구상이나 이상이 어떤 면에서 현실적으로 존재하는 당대 권력을 비판하거나 거부하는 데 더 중점이 주어져 있다는 점에서 그의 일련의 행위는 다분히 반정치적이고 반권력적인 지향을 보여준다. 겉으로 볼 때 "판문점을 중심"으로 준국가 성격의 "공동체 운영 도시를 세우자"는 등의 주장이 결과적으로 정치행위와 무관할 수 없지만, 근본적으로 그것들은 일상적 삶 속에서 관습적이고 제도적인 권력과 맞서는 시인의 행위와 크게 다르지 않다고 할 수 있다.

최두석의 『임진강』이 김낙중의 청년 시절, 그중에서도 이십오 세와 이십칠 세 사이에 일어난 사건들을 집중적으로 다루고 있는 것도 그 때문이다. 최두석의

『임진강』이 그가 "농업문제연구회와 노동문제연구회에 가담"하는 대목에서 끝났던 것은, 단적으로 그것들이 부정하고 부당한 권력집단을 인정하지 않으려는 시인들의 존재양식, 그리하여 반정치적인 새로운 합리성이나 삶의 존재양식을 추구해가는 시인들의 행위와 무관하지 않았기 때문이라 할 수 있다.

즉 김낙중이 "역사 창조의 주체"로서 "민중"을 설정하고 집단적인 해결방식을 모색하는 순간, 개별적인 삶 차원의 진리 체험에 입각한 시적 세계와 결별이 일어났다고 할 수 있다. 그가 "역사 창조의 주체인 민중이 / 억압당하고 수탈당하는 상태"에선 그의 "민족통일"론이 "탁상공론"이라고 깨닫게 되면서 "민중이 민족의 알맹이가 되어 / 사회"를 변화시키고 "분단의 철조망을 제거할 수 있다"고 확신하는 순간, 단적으로 개별적인 삶의 욕망과 이상, 기다림과 그리움에 관계하는 시와 정치의 분리가 일어날 수밖에 없었던 것이다.

다시 말하자면, 『임진강』 속의 김낙중은 최두석의 도플갱어(Doppelgänger)이지만, 그건 어디까지나 청년기의 김낙중에 한정된다. 최두석이 동감하거나 교감한 것은, 어디까지나 청년 김낙중의 순수한 통일운동에 대한 열정이지, 김낙중이 보여준 그의 사상이나 행동방식에까지 연장되는 것은 아니다. 즉 "고려대 경제학과에 편입"하면서 "경제학도"로 변신한 김낙중이 자신의 "민족통일에 대한 설계가 / 탁상공론"이었다는 것을 시인하고, "민중이 민족의 알맹이가 되어 / 사회를 움직일 수 앖'다고 하는 순간, 개인의 정서를 바탕으로 하는 시와 집단해방을 목표로 하는 정치와의 분리가 일어날 수밖에 없었던 것이다.

최두석이 김낙중을 처음부터 "임진강"의 "한가운데를 굽이치는 물방울", 하지만 "휴전선 한가운데를 꿰뚫고 흐르는 물방울 하나"로 묘사한 것이 그걸 입증한다. 즉 최두석의 『임진강』이 여타의 서사시 또는 목적의식적 장시들과 다른 것은, 보편적 개인 또는 문제사적 개인으로서 김낙중을 보지 않았다는 데 있다. 다시 말해, 최두석은 시작 단계부터 그를 일종의 '구도자'로 보았으며, 따라서 인간의 근본적 동일성 또는 자기실현의 차원에서 청년 김낙중을 형상화하고 있었다고 할 수 있다. 그러니까 한반도에 살아가는 모든 이들이 "꿰미에 일렬종대로 묶여 / 맹렬히 헛발질하는 게의 무리"에 지나지 않다는 지적은, 결과적으로 최두석이 분단 상황을 대표하는 전형적 인물 차원에서보다 일종의 예외적 개인으로서 구도자 차원에서 그의 삶과 행동에 접근했다는 사실과 무관하지 않다.

그러니까 최두석이 초판 출간의 '후기'를 통해 김

낙중의 '행동이나 생각이나 열망이 너무나 시적인 전형'이었다고 말하고 있는 것은 다른 이유 때문이 아니다. 최두석은 김낙중을 통해 "단단한 권력의 껍데기"를 깨는 반정치적이고 반권력적인 "생명력", 곧 "삶과 생명의 자연스러운 행로"로서 "자기의 길"을 찾는 그의 모습에 깊은 시적 매력과 호감을 느꼈다고 할 수 있다. 또한 그것은 존재의 깊이와 상관없이 서로를 피상적으로 결합시키는 정치에 대한 혐오와 더불어 그 차원에서는 결코 담보할 수 없는, "눈물"로 대변되는 가장 근본적이고 인간적인 소통의 의지를 담고 있다는 점에서 그의 모습이 바로 시인의 모습을 하고 있다고 판단했던 탓이라고 할 수 있다. 최두석의 『임진강』이 외형상 서사시의 형태를 띠고 있음에도, 내용상 한 개인의 슬픔과 아픔을 다룬 한 편의 서정시처럼 느껴지는 것은 바로 이러한 저간의 사정이 크게 작용한 결과라 할 수 있다.

주지하다시피 문학사적으로 볼 때, 최두석의 『임진강』이 분단 문제를 처음 다뤘던 작품은 아니다. 분단된 한국의 특이한 상황은 한국 시인의 의식과 무의식에 지대한 영향을 주었으며, 일차적으로 순수예술파인 시인 서정주에게서조차 육이오 기간 동안 북한 정권에 대한 피해망상으로 나타난 바 있다. 또한 '휴전선'의 시인 박봉우에게서는 "서로들 피 흘리"거나

"역사의 통곡"을 부르는 "전쟁이 없"는 "적십자"(「적십자」)적 세계에 대한 동경으로 표출된 바 있으며, 『금강』의 시인 신동엽에게서는 "반도의 허리, 개성에서 / 금강산에 이르는 중심부"의 "폭 십 리의 완충지대" 또는 "중립지대"(「술을 많이 마시고 잔 어제밤은」)에 대한 환상으로 표출된 바 있다.

달리 말해, 고은, 김지하, 김준태, 김남주를 비롯한 수많은 시인들이 한번쯤 백두산을 노래하고 삼팔선을 자신의 문제로 다룬 것은 무슨 의무감 또는 책임감 때문만이 아니다. 한국인들에게 있어서 분단극복 또는 통일의 문제는 개인적 차원에서도 서로 반대되는 것들인 대극합일의 정신, 전체가 되고자 하는 자들에게 반드시 거쳐 가야 할 성숙과정의 하나였기 때문이다. 한국인으로서 개개인의 내적이고 정신적인 통일의 필요성이 외부적인 민족통일의 요청과 맞물려 왔다고 할 수 있다. 결국 최두석의 『임진강』은 한국인 각자의 마음의 통일을 위해서는 제 속에 가장 크게 똬리를 틀고 있는 그림자와 정면대결, 비록 힘들고 고통스럽지만 분단현실을 직시하면서 자기의 정체성과 존재양식을 모색하는 것이 중요하다는 것을 아프게 자각했던 결과였다고 할 수 있다.

그러나 특별한 계기가 없는 한 『임진강』에서 보여준 평화적 통일의 염원은 여전히 실현 불가능하며,

당분간 강도의 차이가 있을지언정 남북 간의 긴장과 대립은 지속될 전망이다. 그리고 그것은 "권력이 하나 밖에 없는데 / 물과 불인 / 남·북의 두 권력이 / 양보타협으로 자기의 권력"을 내줄리 만무하다는 사실과 맞물려 있다. 여전히 자신의 가슴 밑바닥에 있는 악이나 그림자를 상대방에서 투사하는, 자신의 잘못이나 책임을 남에게 전가하는 그림자 투사현상이 진행되고 있는 한 남북통일은 요원한 과제일 수밖에 없다고 해도 지나친 말은 아닐 것이다.

그럼에도 불구하고 남북통일의 주제는 한국인의 꿈이나 내면의 원형적 심상을 이루고 있다. 물경 60여 년이 넘어가는 세월 속에서 자주 정치적 이용 대상이나 자국민을 통치하는 수단으로 악용되어 왔음에도, 남북통일은 문학인들에게 여전히 강력한 정감을 일으키고 있는 주제 중의 하나임을 부인할 수 없다. 『임진강』의 재출간의 의의는 그런 점에서 매우 각별하다. 그리고 그것은 단지 김낙중이라는 청년의 "의미 있고 중요한" 한 "개인의 체험을 / 모두의 체험으로 전환"시켜 가야 한다는 "의무"감이나 당위성 때문만은 아닐 것이다. 지금껏 한국인의 의식과 무의식을 짓누르는 어두운 그림자상을 자기 자신의 것으로 되찾아오는 노력과 용기와 맞물려 있기 때문일 것이다.

그러기에 오늘의 한국 시인들이 추구해 마지않아

야 할 것은 딱히 외형적이고 정치적인 통일만이 아닐지 모른다. 물론 외부적인 환경이 한 개인과 집단에 미치는 영향을 무시할 수 없는 일이지만, 어디까지나 그것은 시인들이 몸부림친다고 해서 당장 해결되거나 달성될 일도 아니기 때문이다. 그리고 솔직히 시가 외부적 통일보다 각 개인의 내면 또는 정서의 통일을 지향하는 것이라면, 시인들이 외형적이고 구호화된 정치적 통일논리에만 집착할 이유는 그 어디에도 없다. 여전히 서로에게 그림자 투사를 조장하고 일방적인 대결구도를 유지하려는 분열된 개인과 세력들이 주장하는 통일은 그야말로 사상누각에 불과하기 때문이다. 근본적으로 상대방을 인정하지 않는 편견과 억압을 바탕으로 하는 통일은 또 다른 분열과 대립을 부를 수밖에 없기 때문이기도 하다.

그런 까닭으로 최두석을 비롯한 오늘의 한반도 시인들이 꿈꾸는 평화통일은 한낱 집단화된 목소리가 만들어낸 가상(假像) 또는 가성(假聲)의 요구로서 통일일 수만은 없다. 쪼개진 마음을 하나로 통합시키고, 그 사람이 본래 가지고 나온 정신의 전체성 또는 온전함을 실현하는 데서도 그 의의를 찾을 수 있다. 집단을 위한다는 명분으로 각 개인들의 절실한 목소리들을 사장시키고 은폐시키는 것들로부터 해방시키고, 다른 한편으로 사실상 분단의 수혜자들인 두 지배 집단의 의식적 무의식적 이미지나 정치적으로 오염된 말들로부터 해방시키는 노력에서도 한국 현대 시인들의 역할은 적지 않다. 집단의식은 극히 드문 경우를 제외하고 언제나 개인적 성찰을 무디게 하고 방해하는 속성을 갖고 있다는 점에서 근본적으로 절실성과 진정성을 바탕으로 한 시인들의 목소리는 참된 통일에 기여하는 데 한몫을 할 수도 있을 것이다.

지난 1986년에 종결되었지만, 그런 점에서 최두석의 『임진강』은 여전히 진행 중인 시집이다. 여전히 그의 『임진강』은 제 민족의 역사와 삶 안에 드리워진 그림자 또는 거대한 어둠을 주시하는 데 그치는 것이 아니라 그것들 속에서 숨은 빛을 찾는 작업이 중요함을 보여주고 있다. 무엇보다도 그의 첫시집 『대꽃』을 비롯한 『성에꽃』, 『사람들 사이에 꽃이 필 때』, 『꽃에게 길을 묻는다』, 『투구꽃』 등에 실린 시들은, 지켜보면 볼수록 전율스럽고 경악스런 제 안팎의 고통스런 삶과 역사적 현실과 더불어 그와 반대편에 속한 환한 빛을 동시에 보겠다는 의지를 보여주고 있다. 그리고 거기서 우리는 최두석이 한국인의 내면을 장악해 온 악순환의 고리로서 남북분단과 그 극복으로서 참된 통일에 대한 자기반성과 성찰을 성실하고도 꾸준하게 질문해 온 몇 안 되는 시인이라는 것을 쉽게 확인할 수 있다.

임진적벽 칠십 리
강이 깊어지듯
슬픔도 차라리 도도하게
깊어지거라 기원하며
몸을 씻나니
고랑포 흘러내리는 물로 경건히
가슴을 씻어
다시 휴전선으로 흘려보내나니
슬픔이 깊어지듯
사랑도 깊어지거라 기원하며
암벽에 부딪혀가는
강물과 함께
내 마음 흘려보내나니
암벽에 부딪혀 우는 울음의
하염없는 메아리를 듣나니

제4시집 『사람들 사이에 꽃이 필 때』에 실려 있는 시 「임진적벽」에서 보듯, 그의 『임진강』은 단 일회적인 사건으로 종결된 것이 아니다. 그의 눈길이 여전히 한국인들의 자아 밑에 도사리고 있는 가시지 않는 "슬픔"의 세계. 여전히 미지의 암괴(暗塊) 덩어리를 감추고 있는, 그러나 앞으로 인식해가야 할 새로운 "사랑"의 행로를 좇고 있다는 점에서 그의 『임진강』은 확산일로에 있다. 그리고 그 과정에서 전에는 몰랐던 "암벽에 부딪혀 우는 울음의 하염없는 메아리" 같은 것이 우리들 가슴 깊숙이 자리하고 있음을 보여주고 있다. 분단으로 깊어진 강만큼 길어진 슬픔이 사실 한국인들의 인격의 한 부분을 이루고 있으며, 그것은 또한 "휴전선"이라는 장애물을 만나 굴절되기도 하지만 미완성의 "사랑"으로 승화되고 있음을 시사하고 있다.

올해로 등단 삼십 주년을 맞는 이러한 최두석의 시적 여정은 "역사는 어디까지나 사람의 역사이며", 그러기에 역사는 "사람의 힘에 의해 움직"인다는 신념이 그 핵심을 이루고 있다. 특히 그것은 한 개인이 "사회적 역사적으로 형성된 존재"라는 사실에 기반하는바, 엄정한 리얼리스트 시인으로서의 자세는 바로 여기에서 그 뿌리를 내리고 있다. 그야말로 종교적이고 은둔자적인 "열반"이나 "평정"보다는, "땀과 눈물로 엮어지는 삶의 길" 또는 "창조의 길"이 시인 최두석이 지향하는 삶의 길이자 시의 길이라고 할 수 있다.

그러한 최두석은 시사적(詩史的)으로 정지용의 견인주의적 정신성을 잇고 있으며, 이용악·백석·오장환으로 이어지는 역사주의적 사실성을 그의 시적

자산으로 하고 있다. 그리고 이것은 널리 알려진 대로 그의 '이야기시론'으로 집약되며, 일관성과 개념적 명료성을 추구하는 산문성과 울림과 교감을 중시하는 시성의 결합으로 나타나고 있다. "쉬이 덧나"기 쉬운 "심장"의 "격정"과 그걸 "다스리는 처방"으로서 "뇌수" 또는 "이야기"가 역사와 실존, 개념들과 사건들을 교묘하게 연결시키면서 그의 시세계를 넓고 깊고 확대시켜가는 중이다. 합리적인 사유와 그걸 위협하는 시적 정서 사이의 위태로운 균형과 긴장을 견디며, 그의 시는 문명 너머의 원초적인 모습, 그러나 여전히 그 크기와 깊이를 모르는 전인격의 세계를 향해 간다. 그의 시의 그림자 속에 얼핏 구도자의 모습이 비치는 것은, 순전히 그 때문이라고 할 수 있을 것이다.

| 초판 후기 |

  작가가 영웅적인 삶을 살 수 있다면 더 바랄 것이 없을 것이다. 그럴 경우의 작가는 자신의 이야기만 써도 족할 것이다. 그러나 작가의 사회적 삶이 어느 누구보다도 투철하고 전형적인 경우가 아니라면 자신의 삶에만 집착하는 창작은 일종의 오만이라고 말하지 않을 수 없다.

  84년 봄 이 글의 주인공 감낙중의 삶을 처음 접하게 되었을 때만 해도 그의 수기 「굽이치는 임진강」의 원고는 15년 이상 묵힌 채 출판될 가망이 별로 없었다. 그때 그의 수기를 읽으며 이렇게 중요한 체험이 묻혀서는 안 된다는 글 쓰는 자로서의 기본적인 의무감을 느끼게 되었다. 그리고 그의 이력이 이력인 만큼 가능한 한 사실에 충실하려고 노력하였다.

  우리가 바라는 통일된 민족국가, 진정으로 해방된 민주사회가 이룩되려면 아직 요원한 현실이다. 이러한 이상과 현실 사이의 괴리가 이 시대를 지극히 시적이게 한다. 또한 이러한 시대상황을 극복하려는 그의 행동이나 생각이나 열망은 너무도 시적인 전형이다.

나는 그 시적인 것에 걸맞은 형식을 부여하고 싶었다. 이것이 장시양식을 선택한 이유이다.

「국경의 밤」 이후 이제까지의 장시가 갖는 가장 큰 약점은 잘 읽히지 않는다는 점에 있었다. 그 읽히지 않는 주된 이유는 단편 서정시를 쓰듯이 장시를 쓴다는 점에 있겠는데 그 결과로 이야기 구조의 취약성을 드러내 왔다. 그러니까 필자가 「임진강」에서 역점을 둔 것은 이야기 구조가 탄탄한 '읽히는 시'를 쓴다는 점에 있었다. 즉 예술성보다 대중성에 역점을 두었다.

그의 수기를 바탕으로 한 만큼 이 글은 개인작이라기보다 공동창작의 성격을 다분히 지닌다. 그러나 이 시집이 민족통일에 조금이라도 기여한다면 그것은 온통 그의 몫이다.

1986년 9월
최 두 석

| 후기 |

  임진강은 지난 65년 동안 삼팔선과 휴전선을 관통하며 흘렀고 앞으로 얼마나 더 분단을 상징하며 흘러야 할지 모른다. 1986년 『임진강』의 초판이 나온 이후 남북관계에 많은 변화가 있었지만 통일에 이르는 길은 아직 멀고 험하다. 분단으로 인해 이제까지 너무 많은 피를 흘렸는데 앞으로 얼마나 더 고통을 겪어야 할지 생각하면 가슴에 묵직한 통증이 온다.

  분단을 악용하는 세력이 계속 득세해 온 우리의 현대사에서 이 글의 주인공 김낙중의 열정과 모험은 너무도 순결해서 낭만적이기까지 하다. 아무래도 통일의 과정은 정치적 경제적 이해관계와 긴밀하게 뒤엉킬 수밖에 없을 것이다. 그런데 그러한 이해득실을 면밀하게 따지는 것은 시의 몫이 아니다. 오히려 그러한 이해관계의 그물을 찢고 돌파해내는 순결한 영혼이 요구되는 것이 시이고 그것이 이 시집을 재출간하는 이유이다.

  자구 수정 외에 초판과 크게 달라진 것은 없다. 시 자체가 시대적 산물이기에 손대는 게 무의미해 보였기 때문이다. 단 '장시' 대신 '서사시'라 부르기로 하였다. 장시라는 장르가 없기 때문이기도 하고 서사시라는 명칭이 널리 통용되고 있기 때문이기도 하다. 물론 여기에서의 서사시는 호머의 서사시(epic)와도 다르고 가치평가와도 무관하다.

끝으로 절판된 지 오래인 이 책의 출판을 자임한 조기조 시인에게 고마운 마음을 전하고 싶다.

2010년 8월
최 두 석

임 진 강 ⓒ 최두석, 1986, 2010

임진강

초판 1쇄 발행 2010년 9월 27일

지은이 최두석
펴낸이 조기조
펴낸곳 도서출판 b
기획 이성민 이신철 조영일
편집 김장미 백은주 신경미 송광현
표지디자인 주)미라클인애드
인쇄 주)상지사P&B
등록 2003년 2월 24일 제12-348호
주소 151-899 서울시 관악구 미성동 1567-1 남진빌딩 401호
전화 02-6293-7070(대) **팩시밀리** 02-6293-8080
홈페이지 b-book.co.kr **이메일** bbooks@naver.com

ISBN 978-89-91706-36-1   03810
정가_8,000원

* 이 책 내용의 일부 또는 전부를 재사용하려면 저작권자와 도서출판 b 양측의 동의를 얻어야 합니다.
* 잘못된 책은 교환해 드립니다.